重庆能源高质量发展报告

2024

重庆市综合经济研究院　重庆市宏观经济学会◎编

中国经济出版社
CHINA ECONOMIC PUBLISHING HOUSE
·北 京·

图书在版编目（CIP）数据

重庆能源高质量发展报告 . 2024 / 重庆市综合经济研究院著 . -- 北京 : 中国经济出版社，2025. 4.
ISBN 978-7-5136-8136-0

Ⅰ. F426. 2

中国国家版本馆 CIP 数据核字第 2025TZ1359 号

策划编辑 姜 静
责任编辑 郑 潇
责任印制 李 伟
封面设计 任燕飞工作室

出版发行 中国经济出版社
印 刷 者 北京富泰印刷有限责任公司
经 销 者 各地新华书店
开 本 710mm×1000mm 1/16
印 张 11
字 数 149 千字
版 次 2025 年 4 月第 1 版
印 次 2025 年 4 月第 1 次
定 价 98. 00 元
广告经营许可证 京西工商广字第 8179 号

中国经济出版社 **网址** http://epc. sinopec. com/epc/ **社址** 北京市东城区安定门外大街 58 号 **邮编** 100011
本版图书如存在印装质量问题，请与本社销售中心联系调换（联系电话：010-57512564）

课题组成员

顾　问

易小光　重庆市综合经济研究院原院长、研究员

组　长

何靖波　重庆市综合经济研究院原副院长、正高级经济师

副组长

余贵玲　重庆市综合经济研究院总经济师、研究员

技术负责人

李　权　重庆市综合经济研究院处长、正高级经济师

主　研

李　霞　重庆市综合经济研究院助理研究员

李　俊　重庆市综合经济研究院博士、助理研究员

蒋安玲　重庆市综合经济研究院正高级经济师

罗宇航　重庆市综合经济研究院副研究员

黎　慧　重庆市综合经济研究院助理研究员

蒲昌权　重庆市综合经济研究院高级工程师

戴方尧　重庆市综合经济研究院博士后、副研究员

序　言

能源是经济社会发展的重要物质基础和动力源泉。能源安全事关国家经济社会发展全局，对国家繁荣发展、人民生活改善、社会长治久安至关重要。当前，世界百年未有之大变局正加速演进，全球地缘政治和经济格局深刻调整，能源安全局势将更加错综复杂。习近平总书记反复强调，能源的饭碗必须端在自己手里。目前，我国人均能源消费仅为经济合作与发展组织（Organization for Economic Co-operation and Development，OECD）国家平均水平的2/3左右，未来我国经济将持续发展、人民生活水平将大幅提升，全国能源消费需求仍有较大增长空间。但同时，能源也是我国碳排放的主要来源，其碳排放量占全社会碳排放总量比重超过70%，能源碳减排仍是我国未来的工作重心之一。为贯彻党中央统筹国内国际两个大局作出的碳达峰碳中和重大战略决策，必须加快能源低碳转型发展，以更低的能耗和碳排放代价实现中华民族伟大复兴的强国目标。

重庆地处西部内陆，能源资源呈现"贫煤、少水、无油、富气"的特点。受资源禀赋条件限制，重庆能源供给以煤炭等高碳化石能源为主且对外依存度高，风能、太阳能、水能等低碳能源资源总体匮乏且供给不足。同时，重庆与全国一样，能源也是碳排放主要来源，其产生的碳排放量占全市碳排放总量的比重超过80%。在新形势下如何科学合理平衡全市能源安全和能源碳减排的关系，促进能源可持续发展，构建高质量的能源保障体系，为重庆奋力打造新时代西部大开发重要战略支点、内陆开放综合枢纽，不断谱写中国式现代化重庆新篇章保驾护航，是新时期全市经济社会发展的重大课题。

为此，重庆市综合经济研究院组建了专门的研究团队，针对重庆全市能源发展问题进行了研究：一方面，从总体上对重庆能源高质量发展情况进行了分析评价，并提出相关政策举措建议；另一方面，研究团队特别研究构建了涵盖能源安全韧性、能源经济性、环境可持续性、发展背景支撑等特性的"重庆能源可持续发展指数"，以期客观评价重庆能源的安全程度、利用经济性以及环境影响程度。以期对重庆能源年度发展状况实现多视角、多层次、多方法的研究评价。

与此同时，我们计划从2024年开始，每个年度都即时发布重庆能源高质量发展报告，期望能够持续、客观、科学地为实施重庆能源高质量发展以及"双碳"工作，助推重庆经济社会高质量发展与高品质生活建设，提供应有的智力支撑。

由于研究团队研究视角、学识的局限性，本研究难免有疏漏之处，愿与广大读者进一步交流探讨并恳请批评指正。

作　者

2024年11月

目　录

上　篇　重庆能源高质量发展与展望报告（2024）

下　篇　重庆能源可持续发展指数报告（2024）

专 论

上 篇

重庆能源高质量发展与展望报告
（2024）

第一章　重庆能源发展基础

党的十八大以来，重庆高度重视能源安全保障，不断完善能源基础设施，增强能源供给能力，完善能源发展政策体系，推动能源加快绿色低碳转型发展，使能源成为全市国民经济和社会快速发展的有力支撑。

一、重庆能源供需基础

近年来，重庆克服能源资源禀赋不平衡困难，持续提高能源生产能力，全市能源消费总量持续增长，能源消费结构和供给质量持续改善，有力保障了全市经济社会高质量发展需求。

（一）能源供给能力持续提升①

能源资源禀赋不平衡。总体来看，重庆能源资源储量主要呈现“气富、煤贫、油水少、风光缺”的特点，可开发利用的优质能源资源品种比较少，人均能源资源占有量不具优势，属于能源供给结构调整难度比较大的地区。重庆能源资源探明储量概况见表 1-1。

表 1-1　重庆能源资源探明储量概况

序号	能源资源	单位	资源量	备注
1	石油	亿吨	1	2024 年 1 月，中国石化在梁平区勘探发现亿吨级页岩油资源

① 供给能力主要包括外地（煤电油）入渝供给能力和重庆本地生产自给能力两大部分。

续表

序号	能源资源	单位	资源量	备注
2	天然气	万亿立方米	17.25	重庆市境内具有丰富的天然气资源，是我国陆地天然气最富集的地区之一。2023 年 5 月，重庆市能源局关于市政协六届一次会议第 0021 号提案的复函：重庆天然气资源量和探明储量分别为 17.25 万亿立方米和 1.76 万亿立方米
	#常规天然气	亿立方米	6700	主要分布在綦江—大足—长寿—万州沿线一带，五百梯、沙坪场、卧龙河等常规天然气产区
	页岩气	亿立方米	9000	综合中国石化和中国石油报道消息，页岩气资源主要分布在涪陵、南川、武隆、彭水、永川、綦江、铜梁、忠县、梁平等地
	煤层气	亿立方米	8900	2024 年 4 月，重庆市能源局关于市六届人大二次会议第 0729 号建议办理情况的答复函：2023 年，中石化获重庆市范围内 3 个煤层气探矿权，勘探范围涉及 17 个区县，面积 5978 平方千米，资源量约 8900 亿立方米
3	煤炭	亿吨	44	数据来源于《重庆统计年鉴 2021》，主要分布在北碚区、永川区、南川区、綦江区等区县
4	水能	万千瓦	1235	数据来源于《重庆统计年鉴 2021》
6	风能	风能密度（瓦/米^2）	低于 50	重庆属全国Ⅳ类风能欠缺地区，主要集中于渝东北、渝东南地区
7	太阳能	年平均辐照度（瓦/米^2）	低于 120	依据中国可再生能源学会光伏专业委员会《全国太阳辐射总量等级和区域分布表》，重庆大部分区域属太阳辐射一般带

能源生产以电力、天然气为主。2012 年以来，重庆不断提升高效大功率煤电机组装机容量，增强木地清洁能源供给，能源生产结构由原煤主导型转变为电力、天然气双支撑型，全市能源保供能力和质量明显提升。全市一次能源生产量从 2012 年的 3925 万吨标准煤减少到 2023 年的 2506 万吨标准煤（见表 1-2），2022 年一次能源生产量比 2015 年最高峰下降了 49.0%。电力生产方面，发电量从 2012 年的 548 亿千瓦时增加到 2023 年的 1123 亿千瓦时，发电量增长 104.9%，其中，火电增长 1.44 倍，风电、光伏、生物质等发电呈几何倍数增长。截至 2023 年底，火电占比 75.9%、水电占比 19.9%、风电及其他发电占比 4.2%。2024 年 1—9 月，全市累计

表 1-2 2012—2023 年重庆市能源供给量

类别	2012 年	2013 年	2014 年	2015 年	2016 年	2017 年	2018 年	2019 年	2020 年	2021 年	2022 年	2023 年
一次能源生产量（万吨标准煤）	3925	4220	4214	4273	4113	2751	2763	2782	2890	2237	2180	2506
发电量（亿千瓦时）	548	594	675	645	700	728	794	811	841	991	998	1123
#1. 火电	349	432	432	447	449	469	539	555	541	681	755	852
2. 水电	198	161	241	195	247	251	246	242	281	283	203	224
3. 风电及其他发电	0.8	1.0	1.8	2.1	4.7	8.2	8.9	14.3	18.0	27.4	39.6	47
天然气产量（亿立方米）	56	51	48	69	96	111	107	111	130	140	141	168
原煤产量（万吨）	4420	—	4913	3561	2437	1194	1212	1187	939	0	0	0
外煤入渝量（万吨）	—	—	—	—	20000					3888	2599	3052
#陕煤入渝	—	—	—	—	—					1597	1798	2097
成品油供给量（万吨）	—	—	—	—	—	—	—	—	883	—	—	—

数据来源：重庆统计年鉴、互联网。

发电量 884.2 亿千瓦时，同比增长 9.5%。天然气生产方面，随着川渝地区天然气千亿立方米生产基地建设加快推进，永川、綦江、万盛页岩气田等深层页岩气井商业化开发取得新突破，为天然气产量增长打下坚实基础。南川区和涪陵区是页岩气主产区，长寿区和开州区是常规天然气主产区。2023 年产气量 168 亿立方米。2024 年 1—9 月，全市累计天然气产量 75.8 亿立方米，同比增长 7.9%；重庆涪陵页岩气田累计产气量 42.3 亿立方米，同比增长 0.78%。原煤生产方面，在全市狠抓原煤开采安全背景下，市委、市政府决定 2021 年 6 月关闭所有国有煤矿，退出产能 1150 万吨。2021 年起，重庆市不再进行原煤开采，火电厂和工业用煤全部通过市外采购进行保障。从能源自给能力来看，能源自给率从 2015 年的 61.7%

下降到 2023 年的 29.7%[①]（见表 1-3）；煤炭和成品油全部依赖市外供给，自给率为零；由于火电依赖市外电煤供给，所以电力自给率比较低，2023 年发电量自给率仅 24.1%[②]；天然气自给率 100%。

表 1-3　2015—2023 年重庆能源自给率

年度	一次能源生产量（万吨标准煤）	能源消费总量（万吨标准煤）	能源自给率（%）
2015	4273	6925	61.7
2016	4113	7100	57.9
2017	2751	7252	37.9
2018	2763	7453	37.1
2019	2782	6402	43.4
2020	2890	7622	37.9
2021	2237	8046	27.8
2022	2180	8023	27.2
2023	2506	8426	29.7

数据来源：根据历年重庆统计年鉴“表 5.8　综合能源平衡表”计算，按照当量值计算。

专栏 1-1　重庆关闭退出煤炭产能 1150 万吨

为贯彻落实国家煤炭行业淘汰落后产能工作，重庆市于 2005 年开始对小煤矿进行整顿关闭。截至 2019 年底，重庆市煤矿减至 42 个，年产量降至 1187 万吨。

2020 年 9 月和 12 月，重庆市连续发生两次重大煤矿安全事故。重庆市委召开全市煤矿安全生产工作会议。重庆市政府召开淘汰煤炭落后产能的专题会议。按照会议部署，重庆市上下一心，以更大决心推进煤炭“去产能”工作，从根本上消除事故隐患。

---

① 重庆本地一次能源生产量占全市能源消费总量的比例。

② 重庆的水电、风电、光伏发电、生物质能发电全部自产自用，火电依赖外购电煤。

2021 年 1 月，重庆市政府网发布《重庆市人民政府关于同意重庆能源集团淘汰煤炭落后产能关闭退出煤矿总体实施方案的批复》。该批复同意重庆能源集团所属重庆能投渝新能源有限公司打通一煤矿、石壕煤矿、渝阳煤矿、松藻煤矿等共计 14 个煤矿以及与煤矿生产密切相关的洗选厂、瓦斯发电厂等配套企业及相关单位依法实施关闭退出，核定淘汰煤炭产能共计 1150 万吨/年，原则上 2021 年 6 月底前依法关闭退出。

2021 年 3 月，全市最后 38 个煤矿关闭。至此，重庆市煤炭生产行业已整体退出。据统计，2005—2021 年，全市有近 1200 个关闭煤矿，涉及 36 个区县、323 个乡镇（街道）。

资料来源：(1) 重庆关闭退出 14 个煤矿淘汰年产能 1150 万吨，人民网 2021 年 1 月 26 日。(2) 重庆市应急管理局关于市六届人大一次会议第 0185 号建议办理情况的答复函，2023 年 7 月 8 日。

能源输入以煤电油为主。全市能源输送呈现“输入煤电油、输出气”的特点。煤炭全部从市外调入。重庆是国家发展改革委划定的煤炭净调入区。2021 年以来，重庆从陕西、四川、贵州、甘肃、新疆持续调入原煤，2021—2023 年原煤入渝量累计 1. 19 亿吨。陕煤是重庆市煤炭调入的主渠道，2021—2023 年累计入渝量 5389 万吨，占全市电煤采购比重超过 50%。电力输入以三峡电、川电和疆电为主。重庆电网西接四川、东联湖北、南临贵州，是“西电东送”重要通道之一，已建成川电入渝、三峡电入渝、藏电入渝、陕电入渝等电力通道（见表 1-4），正加快建设“疆电入渝”

表 1-4　重庆市与周边省份电力通道

电力通道	概况
川电入渝	三条六回 500 千伏输电通道，最大送电能力 600 万千瓦，“十四五”期间四川与重庆之间将形成两回特高压交流线路。四川水电每年送重庆电量约 200 亿千瓦时
三峡电入渝	万州等 15 个库区，2020 年新增 41 亿千瓦时
藏电入渝	每年 8 亿千瓦时
陕电入渝	每年 4 亿千瓦时

等电力通道。油料全部由市外输入。成品油供应全部依靠管道输送、长江水运、铁路运输等，年输入量约900万吨。页岩气输出以东向为主。全市现建有两条页岩气外输管道：一条是涪陵白涛至石柱王场输气管道与川气东送管道相连，设计输量由60亿米^3/年增至100亿米^3/年；另一条是涪陵区、武隆区、彭水县、黔江区、酉阳县至湖南省、贵州省。

专栏1-2　重庆新增三峡电渝鄂等量分配

三峡电是重庆市电力保供的重要组成部分，经重庆市委、市政府多次向国家发展改革委、国家能源局积极争取，国家能源局将"'十四五'期间三峡电站每年增发电量由湖北、重庆等分"的表述纳入国家电力发展"十四五"规划。从2020年起，三峡新增发电量按1∶1比例分配给重庆市和湖北省。2020年以来，新增三峡入渝电量累计91.9亿千瓦时，为全市电力保供、降低用能成本发挥了重要作用①。

（二）能源消费总量持续增长

在城镇化、产业发展和消费升级的带动下，全市能源消费总量呈现持续增长态势。2023年消费总量8426万吨标准煤，比2012年增长44.4%（见表1-5）。在重庆产业结构调整、淘汰过剩和落后产能、产业技术进步等多重因素作用下，2012—2023年，全市能源消费总量年均增长3.4%。

表1-5　2012—2023年重庆市能源消费量

类别	2012年	2013年	2014年	2015年	2016年	2017年	2018年	2019年	2020年	2021年	2022年	2023年	比2012年增幅（%）
1. 消费总量（万吨标准煤）	5835	6226	6604	6925	7100	7252	7453	7687	7622	8046	8023	8426	44.4
1.1 煤炭	3564	3935	3984	3994	3830	3899	4051	4062	3931	3982	4069	4166	16.9
1.2 天然气	810	824	937	1009	1020	1087	1323	1377	1397	1757	1755	1823	125.1

① 重庆市能源局关于市六届人大二次会议第0832号建议办理情况的答复函，2024年4月30日。

续表

类别	2012年	2013年	2014年	2015年	2016年	2017年	2018年	2019年	2020年	2021年	2022年	2023年	比2012年增幅(%)
1.3 油料	802	889	888	999	1084	1139	1348	1434	1405	1408	1274	1531	90.9
1.4 一次性电力及其他能源	659	578	794	922	1166	1126	731	815	889	900	925	906	37.5
2. 能源终端消费(万吨标准煤)	7022	5906	6633	6935	6943	5991	6391	6402	6640	6943	6734	7095	1.0
2.1 第一产业	310	117	80	84	88	90	98	103	106	114	116	99	-68.1
2.2 第二产业	5011	3903	4600	4660	4503	3812	4224	4072	4351	4368	4223	4438	-11.4
2.3 第三产业	1038	1180	1090	1176	1344	1371	1361	1456	1386	1498	1359	1474	42.0
2.4 生活消费	663	706	863	1015	1008	718	708	771	798	963	1036	1084	63.5
3. 电力消费量(亿千瓦时)	723	813	867	875	919	993	1114	1160	1187	1341	1404	1453	100.9
3.1 农业	2.1	2.4	2.1	2.4	2.9	3.4	3.7	4.0	4.4	6.3	8.2	9.6	357.1
3.2 工业	469	515	562	563	549	646	654	677	685	762	752	808	77.2
3.3 建筑业	17.8	20.8	23.5	22.1	24.8	25.0	24.0	27.5	26.0	28.4	28.5	25.8	44.9
3.4 服务业	110	134	143	149.2	178	154	228	247	251	307	327	354	221.8
3.5 生活消费	123	141	137	138	164	164	205	205	220	237	289	255	107.3
4. 清洁能源电量消纳占比(%)	51.7	46.9	50.2	48.9	51.1	52.8	51.6	52.2	55.6	49.2	46.2	41.4	—

数据来源：重庆统计年鉴。

从能源消费品种看，消费结构持续优化，煤炭消费比重持续减少，天然气等清洁能源消费比重逐步增长。重庆是我国煤炭消费的主要区域，煤炭在能源消费中起着基础性的支撑作用。2012—2023年，全市煤炭消费量增长16.9%，年均增速1.4%。重庆市天然气开发利用较早，作为清洁能源的天然气消费量逐年增长，2012—2023年，全市天然气消费量增长125.1%，年均增速7.7%。在城市化和消费升级的推动下，重庆汽车拥有量快速增长，带动了汽油、柴油等成品油消费的增长，2012—2023年，全市油料消费量增长90.9%，年均增速6.0%。在国家可再生能源政策推动下，重庆水电、风电、光伏发电等一次性电力得到快速发展，2012—2023

年，全市一次性电力及其他能源消费量增长 37.5%，年均增速 2.9%。煤炭、天然气、油料、一次性电力及其他能源消费的结构得到持续优化（见表 1-6），2012—2023 年，煤炭消费占比从 61.1%下降到 49.4%，天然气消费占比从 13.9%上升到 21.6%，油料消费占比从 13.7%上升到 18.2%，一次性电力及其他能源消费占比从 11.3%波动上升到 10.8%。

表 1-6　2012—2023 年重庆市能源消费结构　%

类别	2012 年	2013 年	2014 年	2015 年	2016 年	2017 年	2018 年	2019 年	2020 年	2021 年	2022 年	2023 年
煤炭	61.1	63.2	60.3	57.7	53.9	53.8	54.4	52.8	51.6	49.5	50.7	49.4
天然气	13.9	13.2	14.2	14.6	14.4	15.0	17.8	17.9	18.3	21.8	21.9	21.6
油料	13.7	14.3	13.4	14.4	15.3	15.7	18.1	18.7	18.4	17.5	15.9	18.2
一次性电力及其他能源	11.3	9.3	12.0	13.3	16.4	15.5	9.8	10.6	11.7	11.2	11.5	10.8

数据来源：根据《重庆统计年鉴 2024》“表 5.1　主要年份能源消费总量”计算，能源消费量按照当量值计算。

专栏 1-3　重庆市天然气消费现状

重庆市天然气资源丰富，开发利用较早。近年来，随着全市经济社会较快发展，尤其是在“煤改气”政策推动下，作为清洁能源的天然气消费量逐年增长，成为能源结构优化的重要因素之一。2019 年重庆市天然气消费量已突破了 100 亿立方米，成为全国第 13 个用气量超过 100 亿立方米的省份。

专栏表 1-1　2016—2023 年重庆市天然气消费

类别	2016 年	2017 年	2018 年	2019 年	2020 年	2021 年	2022 年	2023 年
消费总量（亿立方米）	89.3	95.2	99.5	104.7	111.6	121.1	131.6	145.6
#1. 工业用气	55.7	57.8	59.1	60.6	66.7	72.5	80.8	92.7
2. 民用气	26.2	27.9	30.1	32.0	33.8	36.1	38.5	41.2
3. 压缩天然气	6.9	7.1	7.6	8.1	7.0	7.3	6.2	6.1
4. 发电用气	0.5	2.4	2.7	4.0	4.1	5.2	6.1	5.6

2016—2023年，全市天然气消费量从89.3亿立方米增加到145.6亿立方米，呈现以下特点：一是工业用气增速较快（不含天然气发电），全市工业用气满足率基本达100%，2023年工业用气量比2016年增长66.4%；二是城市民用气（含商业用气）普及率高，随着城市化进程和商圈不断发展升级，城市天然气普及率已达98%，2023年民用气消费量比2016年增长57.25%；三是压缩天然气（CNG）用气趋缓，近两年，受新能源汽车的推广和油价降低等因素影响，公交车和出租车用气量大幅减少，新能源网约车替代效应明显，2023年压缩天然气用量比2019年峰值用量下降24.69%；四是天然气发电快速发展，随着重庆市用电的现实需求和技术进步带来的气电成本下降，天然气发电量迎来高增长时期，2023年比2016年增长10倍多。

从终端能源消费看，第一产业能源消费呈持续减少态势，第二产业能源消费呈明显波动减少态势，第三产业和生活消费能源消费呈波动增长态势。2012—2023年，在淘汰老旧农业机械、推广农用节能机械设备等因素作用下，第一产业能源消费从310万吨标准煤降到99万吨标准煤，减少68.1%；在淘汰高耗能高排放过剩工业企业产能、推广节能技术和设备等因素作用下，第二产业能源消费从5011万吨标准煤减少到4438万吨标准煤，减少11.4%；在城市商贸快速发展等因素作用下，第三产业能源消费从1038万吨标准煤增加到1474万吨标准煤，增长42.0%；在快速城市化进程等因素作用下，能源的生活消费从663万吨标准煤增加到1084万吨标准煤，增长63.5%。

从电力消费行业看，农业和服务业消费保持快速增长势头，工业、建筑业和生活消费保持小幅稳定增长态势。2012—2023年，农业消费从2.1亿千瓦时增加到9.6亿千瓦时、工业消费从469亿千瓦时增加到808亿千瓦时、建筑业消费从17.8亿千瓦时增加到25.8亿千瓦时、服务业消费从110亿千瓦时增加到534亿千瓦时、生活消费从123亿千瓦时增加到255

亿千瓦时，年均增幅分别为14.8%、5.3%、3.4%、11.2%、6.9%。

专栏1-4 重庆市工业综合能源消费

重庆是西部制造重镇，立足雄厚的工业基础，建立了门类齐全的工业体系，拥有全国41个工业大类中的39个，拥有制造业全部31个大类，同时也带来了巨大的工业能源消费需求。2012—2022年，全市规模以上工业企业综合能源消费量从3513.2万吨标准煤增加到4650.8万吨标准煤，规模以上工业企业产值综合能耗从0.27吨标准煤/万元减少到0.17吨标准煤/万元。

2012年以来，重庆加快工业结构调整，工业能源消费结构得到了明显的改善。2012年，综合能源消费前10类工业分别是化学原料及化学制品制造业、非金属矿物制品业、电力热力生产和供应业、黑色金属冶炼及压延加工业、煤炭开采和洗选业、有色金属冶炼及压延加工业、造纸及纸制品业、汽车制造业、铁路船舶航空航天和其他运输设备制造业、橡胶和塑料制品制造业，前10类工业综合能源消费量3247.1万吨标准煤，占规模以上工业企业综合能源消费总量的92.4%。随着重庆计算机制造业（笔记本电脑制造）崛起、天然气（页岩气）实现规模化开采和煤炭开采产能的全部退出，重庆工业能源消费结构发生了显著变化。2022年，综合能源消费前10类工业分别是电力热力生产和供应业、化学原料及化学制品制造业、非金属矿物制品业、黑色金属冶炼及压延加工业、有色金属冶炼及压延加工业、造纸及纸制品业、汽车制造业、计算机通信和其他电子设备制造业、石油和天然气开采业、非金属选矿业，前10类工业综合能源消费量4181.2万吨标准煤，占规模以上工业企业综合能源消费总量的89.9%。

从能源消费的区域结构看，主城都市区消费比重逐年优化减少，山区库区消费比重稳步提升。2018—2023年，主城都市区能源消费占比从

75.6%下降到75.1%、渝东北三峡库区能源消费占比从18.4%上升到18.8%、渝东南武陵山区能源消费占比从6.0%上升到6.1%（见表1-7）。

表1-7　2018年、2020年、2023年重庆市区域能源消费结构

区域	2018年		2020年		2023年	
	总量（万吨标准煤）	占比（%）	总量（万吨标准煤）	占比（%）	总量（万吨标准煤）	占比（%）
主城都市区	4836	75.6	5027	75.7	5531	75.1
渝东北三峡库区	1178	18.4	1217	18.3	1330	18.8
渝东南武陵山区	377	6.0	396	6.0	434	6.1
合计	6391	100	6640	100	7095	100

数据来源：根据各区域三次产业产值占比、常住人口占比计算。

总体而言，随着重庆经济发展进入高质量发展阶段，重庆能源消费对经济增长的贡献得到了极大改善。产业结构调整和城市化建设取得新成效的同时，能源消费也从较快增长阶段向高质量发展阶段转变，能源消费增速波动明显放缓。2021—2023年，重庆能源消费弹性系数比“十三五”期间有所降低（见表1-8），反映出：2021年以来，重庆能源消费对重庆经济增长的贡献能力得到进一步改善，每1% GDP增量需要消耗的能源增量更少。2021年、2022年、2023年重庆市单位GDP能耗分别为0.34吨标准煤/万元、0.33吨标准煤/万元、0.32吨标准煤/万元，分别同比下降3.5%、2.7%、3.0%，“十四五”时期前三年累计下降8.9%，以年均2.4%的能源消费增速支撑了年均5.7%的经济增长。

表1-8　2012—2023年重庆市能源消费弹性系数

项目	2012年	2013年	2014年	2015年	2016年	2017年	2018年	2019年	2020年	2021年	2022年	2023年
GDP增速（%）	13.6	12.3	10.9	11.0	10.7	9.3	6.0	6.3	3.9	8.3	2.6	6.1
能源消费增速（%）	5.5	6.5	6.8	4.0	3.0	3.7	3.4	3.9	-0.2	4.5	-0.2	2.9
能源消费弹性系数	0.404	0.528	0.624	0.364	0.280	0.398	0.567	0.619	-0.051	0.542	-0.077	0.475

数据来源：重庆统计年鉴。

二、重庆能源安全与保障基础

近年来，重庆立足西部地区唯一的能源净输入地现状，不断推进区域能源合作战略，加快构建新型能源体系，增强能源基础设施的韧性，全市能源安全和保障能力进一步增强。

（一）能源基础设施不断完善

电力基础设施扩容增能全面提升。加强电网加速构建，全市正加快完善“两横三纵”500 千伏主网架电网结构，复奉、锦苏、祁韶三条直流特高压线路横贯重庆，220 千伏变电站覆盖所有区县，7 个 500 千伏主网架电网项目获国家支持，形成以 500 千伏站点为支撑的 220 千伏“网格”“环形”分层分区供电格局，累计建成 500 千伏线路 159.5 千米。市内发电能力不断提升，电力装机容量从 2020 年的 2607 万千瓦增加到 2023 年的 3174 万千瓦，增长 21.7%，截至 2024 年 9 月，市内电力总装机容量达 3440 万千瓦，其中，火电 1925 万千瓦、占比 56%，水电 917 万千瓦、占比 26.7%，新能源 457 万千瓦、占比 13.3%；进一步扩建、新建清洁能源发电基地，规划布局 500 万千瓦天然气发电项目，建成永川港桥燃机热电联产项目，华电潼南燃机等项目顺利开工，两江燃机二期等约 500 万千瓦天然气发电提速建设；8 个抽水蓄能电站项目纳入国家规划，西南地区首座百万千瓦级大型抽水蓄能电站——国网新源重庆蟠龙抽水蓄能电站首台机组已经投产发电，正在建设总装机容量百万千瓦级的江津燃机、渝北燃机和丰都栗子湾、云阳建全、奉节菜籽坝抽水蓄能电站项目，建成巫山红椿风电二期、奉节金凤山风电和巫溪、长安汽车渝北工厂屋顶分布式光伏等项目。永川、松溉等 6 个独立新型储能项目建成投产。2023 年底，全市清洁能源装机容量达 1257 万千瓦，较 2020 年增长 28.5%，占全市发电总装机容量的 39.6%；其中，风电装机规模 205 万千瓦、光伏发电装机规模 161 万千瓦、分布式光伏并网规模 70.9 万千瓦，同步建成配套新型储能 100 万千瓦/200 万千瓦时，220 千伏及以下配电网实现网源同步投产，核准在建抽蓄项目装机规模 500 万千瓦。截至 2024 年 9 月，市内可再生能源装机规模 1440 万千瓦，占全市总装机规模的 41.9%。

专栏 1-5 重庆发电厂环保搬迁

重庆发电厂始建于 1952 年，是新中国成立以后西南地区建设的第一座火力发电厂。选址九龙坡区黄桷坪，被列为苏联援建我国 156 项重点工程之一。经过 30 余年七期建设，1987 年电厂装机容量达到 69.8 万千瓦，成为我国大型骨干火电厂。

20 世纪 90 年代以来，在城市化进程背景下，黄桷坪已成为重庆主城核心地带，高耗能高污染的重庆发电厂给重庆城的环境带来沉重负担。重庆发电厂片区被列为重庆市主城七大重污染地区之一。这些重污染地区，使得重庆长期名列全国十大空气污染城市，是全国酸雨污染重点地区。重庆发电厂迫切需要进行环保搬迁。

为积极响应国家节能减排、“上大压小”政策，支持重庆市“蓝天计划”，经过各方面周密安排，2014 年 10 月，重庆发电厂相继关停发电机组，开始环保搬迁。新发电厂迁建到位于渝黔边界的万盛经济技术开发区。

经过 8 年建设，重庆电厂迎来新生，实现了社会效益和经济效益“双赢”。2022 年 12 月 31 日，重庆电厂环保迁建项目 1 号机组正式投运。2023 年 5 月 31 日，重庆电厂环保迁建项目 2 号发电机组正式投运。新电厂应用了超超临界燃煤湿冷发电技术、“近零排放”烟气处理方案等全球领先的环保技术，不仅实现了对煤炭资源的清洁高效利用，同时捕集了二氧化碳、减少了有害物质的排放、大幅减少新鲜水耗量，有效降低了环境污染。两台机组双投产后年发电量约 60 亿千瓦时，实现年产值约 25 亿元，供电标准煤耗、发电标准煤耗、厂用电率等主要能效指标的设计值分别为 272.91 克/千瓦时、261.53 克/千瓦时、4.167%，总体能效等级为国内先进水平。

资料来源：电力明珠耀盛城——写在国能重庆电厂环保迁建项目全面投产发电之际，《万盛日报》，2023 年 6 月 1 日。

油气基础设施保障能力大幅提升。成品油基础设施输送能力不断提升。近年来，重庆加强成品油管网建设，建成川渝成品油管道和兰成渝成品油管道，积极谋划中缅油气管道延伸至重庆段，全市成品油管道里程达486千米，年输送能力600万吨，管道年下载能力达到350万吨。高度重视成品油流通站点建设，截至2023年底，全市现有成品油油库37座，加油站点1900余座。天然气管网覆盖范围不断扩大。全市加快构建“三纵四横”天然气骨干管网和“四环二射”市域输气干网，输气干线管道总里程近6000千米，管道年输气能力达到350亿立方米，并通过中贵线（宁夏中卫—贵州贵阳）、忠武线（忠县—武汉）与全国骨干管网系统连通，初步形成全国天然气输配网络区域枢纽。重庆燃气集团建成了由外环、中环、外中环联络线和长南线等多条输气干线组成的骨干输配网络系统，管网覆盖重庆市27个区（县）城镇，拥有燃气管网总长度2.87万千米，其中长输管道约590千米，城镇高压管网约690千米，城镇次高压管网约980千米，城镇中压管网1.2万千米，城镇低压管网1.4万千米；城市天然气用气人口从2018年的1391万人增加到2023年的1560万人。

新能源汽车充电设施网络不断完善。通过多年的持续建设，汽车充电设施已全面覆盖重庆各区县以及高速公路，成渝“电走廊”示范线已开通。截至2024年3月底，全市累计建成充电桩23.75万个（见表1-9），其中，中心城区累计建成充电桩18.68万个，占全市总量的78.7%；中心城区以外区县累计建成充电桩5.07万个，占全市总量的21.3%。目前，重庆正实施新能源汽车便捷超充行动计划，着力打造绿色智能“便捷超充之城”。

表1-9　重庆市汽车充电设施分布　　单位：万个

区域	快充桩	慢充桩	个人充电桩	充电桩总数
中心城区	1.67	1.49	16.37	18.68
其他区县	0.51	0.34	4.22	5.07
合计	2.18	1.83	20.59	23.75

数据来源：重庆市经济和信息化委员会关于市六届人大二次会议第0515号建议办理情况的答复函，2024年5月17日。

（二）能源供给通道加快建设

随着能源入渝保供需求增长，重庆不断拓宽能源供给渠道。电网通道方面，建成投运川渝第三输电通道、铜梁SVG站及渝鄂背靠背工程，川渝、渝鄂电网输电通道综合最大输送能力约750万千瓦，正在建设川渝1000千伏特高压交流工程和“疆电入渝”工程，积极研究藏电、青电入渝通道；川渝1000千伏特高压交流工程预计2024年底投运，每年川电入渝量将从目前的200亿千瓦时提升到400亿千瓦时；“疆电入渝”工程预计2025年建成投运，年送渝电量将在360亿千瓦时以上。煤炭供给通道方面，基本形成以陕煤为主，山西、内蒙古、新疆、贵州等地区煤炭入渝供应的格局，国铁集团已开通陕西、山西保供重庆煤炭专列，2021年打通了新疆吐鲁番—四川广元港—江津松溉码头的“疆煤入渝”公铁水多式联运通道、山西—湖北荆州旺港—重庆港的“晋煤入渝”铁水联运通道。油气供给通道方面，江津—南川、南川—两江新区输气管道完工投用，新增输气能力分别达48亿米^3/年、10亿米^3/年；万源—城口输气管道建成通气，输气能力达0.8亿米^3/年，城口县正式结束了无管道燃气历史，天然气管道实现“县县通”；川气东送二线（川渝鄂段）正开展建设，累计完成焊接约50千米。

专栏1-6　“疆电入渝”工程

“疆电入渝”工程是党中央、国务院“西电东送”的重大战略决策部署，也是重庆积极推进能源绿色低碳转型、构建新型电力系统的重大战略任务。

“疆电入渝”的设想最早始于2010年。2010年，新疆和重庆政府签订战略合作协议，积极推进“疆电外送”。2011年，国家电网公司将部分电源基地的外送落点进行了调整，哈密北负责外送重庆。2012年上半年，哈密北至重庆特高压直流工程的可行性研究基本完成。

2012 年，重庆装机容量 1300 万千瓦，统调最大负荷不到 1200 万千瓦，新疆外送的 800 万千瓦电力短期内重庆难以消纳，当时该项目暂不具备建设条件，由此搁置了 7 年。

2019 年，疆渝两地政府在北京签订了《“疆电入渝”合作协议》，明确共同推进“疆电入渝”工程，特高压入渝再次提上议事日程。同年 12 月，疆渝两地政府正式行文恳请将“疆电入渝”纳入国家电力发展规划。

2020 年 2 月，在国家能源局的协调下，国家电网公司启动“疆电入渝”直流工程预可行性研究编制工作，并将该项工作纳入 2020 年重点前期工作计划。同年 11 月，国家能源局在成都召开了川渝电力发展座谈会，高度认可了“疆电入渝”工程的必要性，标志着该工程正式进入国家决策流程，并启动了电源和电网论证等各项前期工作。2021 年 12 月，国家《“十四五”电力发展规划》明确“十四五”期间建设哈密基地“疆电外送”第三通道配套电源项目。

2022 年 3 月，“疆电入渝”配套电源项目规划获国家能源局批复。为实现碳达峰碳中和战略目标，同步确保“疆电入渝”配套电源出力稳定性，重庆会同新疆持续优化论证配套电源结构，最终明确配套电源规模为煤电 400 万千瓦，新能源不低于 1000 万千瓦。新疆把哈密作为“疆电入渝”首选基地，能充分利用能源优势，加快新疆资源优势转化，有效推动新疆地区沙漠、戈壁、荒漠地区风电光伏基地开发。该工程是我国首批沙戈荒大型风电光伏基地外送工程之一，接入配套风电、光伏、光热等新能源 1020 万千瓦。

2023 年 4 月，“疆电入渝”工程完成可行性研究核准。同年 8 月 8 日，哈密—重庆±800 千伏特高压直流输电工程正式开工建设。工程起于新疆维吾尔自治区哈密市巴里坤换流站，止于重庆市渝北区渝北换流站，途经新疆、甘肃、陕西、四川、重庆五省份，直流线路全长 2290 千米，输送容量达 800 万千瓦。

"疆电入渝"工程计划 2025 年建成投运，年送渝电量将达 360 亿千瓦时以上，占全市用电量的 20%以上。预计全市工商业电价降低 0.04 元/千瓦时，有助于推动重庆产业转型升级、提升产业竞争力。同时，该工程同步配套风光等新能源 1020 万千瓦，清洁能源电量占比超 50%，可等效替代燃煤 600 万吨，减排二氧化碳 1650 万吨，将大幅提升全市非化石能源电量消纳比例，推动重庆能源结构调整，助力重庆实现"双碳"目标。

资料来源：《清洁能源直接入渝迎峰度夏再添保障》，《重庆日报》，2024 年 7 月 24 日。

（三）能源战略合作深入推进

近年来，重庆持续深化与周边省份能源资源战略合作和央企能源战略合作，为能源安全奠定了坚实的基础。首先，重庆市与陕西省共同提升双方能源战略合作水平，积极开创跨省市能源合作的典范和高质量发展道路。其次，重庆以推动成渝地区双城经济圈建设国家重大区域发展战略为契机，联手四川实施《川渝电网一体化建设方案》《推动川渝能源绿色低碳高质量发展协同行动方案》《加快推进成渝氢走廊建设工作方案》等，高频推动清洁能源区域合作、互济共保，共同推动川渝特高压工程和"新疆（南疆）送电川渝工程"前期工作，推动特高压交流环网工程论证工作；共同打造天然气千亿立方米产能基地，共同谋划以"成渝氢走廊"为立足点推动长江经济带沿线省市共建"长江经济带氢走廊"。再次，重庆深化与西部诸省、自治区能源合作，积极推进"疆电入渝"工程建设和"疆煤入渝"工作，提前谋划西北电、藏电等入渝特高压直流输电通道，渝黔直流背靠背工程顺利纳入国家规划，着力构建区域能源高质量发展合作格局。最后，重庆着力加强与能源央企合作，增强能源基础设施投资后劲。2023 年，国家电投集团等 7 家能源央企同重庆签订了中长期能源保障战略合作协议，约定 5 年内在燃煤发电、天然气发电、抽水蓄能、新型储能、新能源、智慧电网、储煤储气、跨省通道、天然气开发利用等领域投资超过1500亿元，其中2023年已完成350亿元，占年度能源重点项目投资的85.4%。

专栏1-7 渝陕能源合作——跨省能源合作高质量发展之路

重庆市政府与陕西煤业化工集团创新合作方式，受到国家发展改革委、国家能源局、中国煤炭工业协会等国家部委、协会的肯定和社会各界高度关注，被列为全国能源供给侧结构性改革背景下跨省区能源战略合作的示范样本，多次被国家发展改革委列为创新典型。重庆与陕西携手探索出一条跨省市能源合作高质量发展之路。

2016年2月，《国务院关于煤炭行业化解过剩产能实现脱困发展的意见》颁布实施，重庆市关闭退出煤炭落后产能，每年自给能力仅1000多万吨，急需稳定且经济的省外煤炭资源供给。同期的陕煤集团优质环保煤炭产量快速增长，市场拓展任务艰巨；同时，陕煤集团因老矿井关闭退出和新项目核准，一直在全国范围内衔接收购产能置换指标，与重庆市政府就产能置换工作保持着紧密衔接，双方在煤炭资源供需、产能指标转让、煤炭市场拓展等方面达成高度和谐的合作共识。

创新——开创能源供给侧改革发展先例。2016年12月9日，经过前期的考察、调研、座谈、交流、协商，重庆市经济信息委代表重庆市政府与陕煤集团签署了《战略合作框架协议》，为陕煤集团提供了当时价值近6亿元的产能置换指标。渝陕《战略合作框架协议》的签订，开创了“煤炭保供+产能置换+常态储煤+物流投资”的合作模式。随着合作见效，2017年9月19日，双方再次签署了《深化战略合作协议》，重庆市向陕煤集团提供了价值7亿多元的产能置换指标。2019年10月，重庆市经济信息委与陕煤集团签订第三个合作协议《新时代全面深化能源战略合作协议》，约定了陕煤入渝近期（2022年）1500万吨、远期（2025年）2000万吨的目标任务。同时，陕煤集团在重庆市设立了煤炭储运基地，建立了常态储备机制，并承诺逐步递增陕煤入渝总量，以及坚持入渝煤炭价格不高于长协价、不高于市场价的“两个不高于”原则，全力保障重庆市重点工业企业煤炭供给。为确保煤炭保供、常态储煤可持续，陕煤集团在渝设立珞璜、合川、涪陵和万盛4个储煤基地，并与重庆市合资成立重庆陕煤运销煤炭储运公司、陕煤重庆港物流有限公司、重庆港陕煤电子商务有限公司等3家煤炭储运平台公司，围绕物流、交易、支付等大宗商品供应链开展合作。2020年12月，重庆市经济信息委、陕西省发展改革委、陕煤集团共同签署了《电力合作协议》，约定陕煤集团2021—2023年每年电力入渝6亿千瓦时，3年累计入渝18亿千瓦时，初步实现了陕煤入渝综合能源保障的设想，体现两地政府在电力市场改革方面取得的巨大成功，丰富了渝陕能源战略合作实践。2021年12月7日，重庆能源投资集团“零价格”交易给陕煤集团退出产能873万吨，折算新增产能指标524万吨，市值1.3亿元，为陕煤核增释放产能，支持国家能源保供作出积极贡献。

陕渝能源合作6年来，陕煤集团煤炭累计入渝5300万吨，占重庆电煤采购比重从2017年的30%左右上升至2022年的52%，已经成为重庆外调资源的主力。

渝陕能源战略合作充分发挥了合作双方资源、市场、物流、地缘等优势，共同形成了一个互利多赢、深化合作的良好生态，是符合市场经济规律的合作，是贯彻落实国家供给侧结构性改革政策的创新实践，创新了双方能源高质量发展之路，具有较强示范意义。

资料来源：陕煤集团跨省能源合作打造新格局，人民网—陕西频道，2022年3月24日。

（四）能源储备能力不断增强

重庆以煤炭、成品油、天然气的储备能力建设为中心，不断提升能源应急保障能力，加快构建具有韧性的能源基础设施体系。煤炭方面，重庆加强与陕煤集团等战略合作，建成珞璜、合川、涪陵、万盛等多个煤炭常态储备基地，构建起“10家主力火电厂+21家重点企业+2家陕煤储运企业”为核心主体的煤炭储备能力，陕煤入渝累计超过7000万吨，企业应急储备能力达550万吨。截至2024年9月，全市已建成的储煤基地储煤能力约700万吨，且均配套有储煤场。涪陵、奉节储煤基地获批，实现了在渝中央政府储煤基地“零的突破”，有力提升了全市煤炭储备能力。成品油方面，建成一五七国家成品油战略储备库、长寿中航油西南战略储运基地，投运黔江正阳、永川双石等重点油库，市级成品油应急储备规模稳定在15万吨/年。天然气方面，建成西南地区首座、全国日采气量最大的地下储气库——相国寺储气库，单期调峰能力超23亿立方米，黄草峡储气库于2024年11月底成功投运，正在改建铜锣峡气库，全市储气容量将达到77亿立方米，川渝百亿立方米储气库群初具规模，天然气季节调峰与应急保供能力稳步提升。

（五）能源运行调控能力持续增强

能源运行保障机制更加健全。2021年，重庆市成立能源保障工作专班，分设陕晋疆黔电煤工作小组、电煤接卸工作专班等，以问题、目标为导向，协调推进煤源、铁路运输、接卸、资金、电煤调度等关键环节的电煤保供工作，建立电厂存煤绿黄红“三色”管理制度，对电煤运行实行“日监测、日汇报、日通报”。2022年，重庆市经信委牵头制定并实施迎峰度夏电力负荷统筹调度管理办法，按照“需求响应优先，有序用电保底”原则，充分挖掘全市电力供应潜力，加强发用两侧电力平衡管理。2023年9月，重庆市能源局、四川省能源局联合成立推动成渝地区双城经济圈建设能源保障专项工作组，工作组负责谋划川渝两地能源领域重大政策、重大改革、重大项目、重大平台、重大事项，协调解决能源保障重大矛盾、重点问题和主要困难，加强能源预测预警，强化能源运行调度协同，确保煤电油气运保供平稳有序。

能源应急预案体系不断完善。重庆按照能源品类制定并完善相应的应急预案，如《重庆市城镇天然气事故应急预案》（渝府办发〔2017〕131号）、《重庆市成品油生产运输经营储存事故应急预案》（渝府办发

〔2017〕114 号）、《重庆市管道天然气行业应急预案演练指导意见》（渝经信燃气〔2020〕4 号）等。2019 年 5 月，重庆市第五届人民代表大会常务委员会第十次会议对《重庆市天然气管理条例》进行了修订，要求“市、区县（自治县）人民政府应当建立健全天然气应急储备制度，组织编制天然气供应应急预案，采取综合措施提高天然气应急保障能力”。2023 年 12 月，重庆市人民政府办公厅对《重庆市石油天然气长输管道事故应急预案》（渝府办发〔2017〕176 号）进行了修订，新版《重庆市石油天然气长输管道事故应急预案》（渝府办发〔2023〕105 号）完善了市级、区县组织指挥体系和专家组，要求建立健全油气长输管道的日常数据监测等制度，完善应急处置与救援、后期处置、应急保障等机制。目前，重庆正根据近年电力供需形势和市场化改革情况，研究制定《重庆市电力需求响应实施方案》，进一步健全市场化电力供需平衡调节机制。

财政资金对电煤保供的支持逐年增强。2021 年 12 月，重庆市经济和信息化委员会联合市财政局对《重庆市电力电煤补贴专项资金管理办法》（渝财产业〔2019〕93 号）和《重庆市电煤储备管理办法》（渝经信发〔2019〕34 号）进行整合完善，出台了《重庆市电力电煤补贴专项资金管理办法》（渝经信规范〔2021〕9 号）。同时，两家部门依据该办法相继出台了《2022 年电力电煤专项资金补贴方案》《2023 年电力电煤专项资金补贴方案》，根据年度电力电煤保供形势和实际情况，对火力发电企业的电煤储备、物流及与电力电煤相关的其他业务进行财政补贴，进一步强化财政补贴资金在能源保供工作中的调控支持作用。

（六）能源市场化改革成效显著

能源交易中心为能源商品的供需双方提供了一个集中交易的平台，不仅能优化能源市场的资源要素配置效率，还增强了供需双方对能源安全的保障能力。2016 年以来，在石油天然气供电价格市场化程度不断提高、成品油价格机制化调整成为常态的背景下，重庆相继成立了电力交易中心和石油天然气交易中心，着力发挥市场机制在能源安全保障中的重要作用。

2016 年 9 月，重庆电力交易中心挂牌成立。重庆电力交易中心不仅引导电力资源在重庆市场的优化配置，还为售电公司和发电企业提供直接参与市场功能、电网企业和发电企业电网代理购电交易功能，增强了对供需主体的电力保障能力。2016—2023 年，重庆电力交易中心电量交易从 88 亿千瓦时增加到 1027 亿千瓦时（见图 1-1），占全市电力消费总量的比例从 9.6%提升到 70%，充分凸显了电力预期交易对全市电力消费的保障能力。2023 年，重庆电力交易中心开设了绿电交易和绿证交易，绿电交易结算电量 8.47 亿千瓦时，有效提升了清洁能源生产能力和消纳能力。

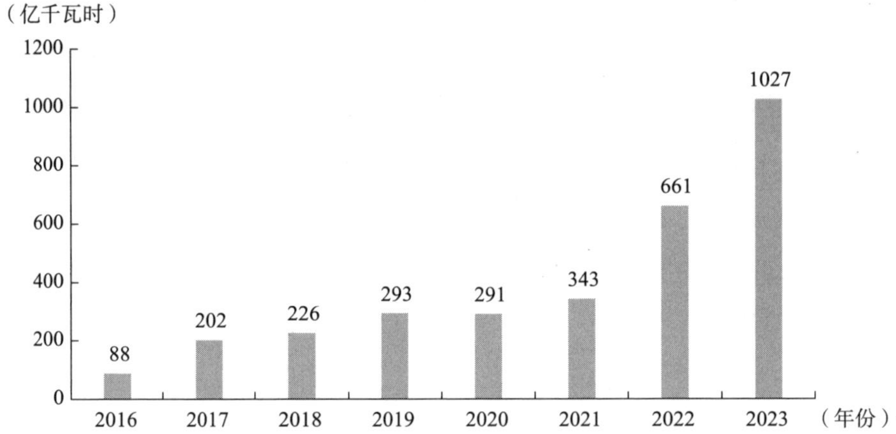

图 1-1　2016—2023 年重庆电力交易中心历年交易电量

2017 年 7 月，重庆石油天然气交易中心注册成立，2018 年 4 月 26 日实现上线交易。重庆石油天然气交易中心在引导重庆市场油气资源的优化配置、保障油气供给等方面发挥了重要的作用。2018—2023 年，重庆石油天然气交易中心累计发展交易会员 2700 多家，开设了国内管道天然气、境内外液化天然气、储气服务、成品油和液化石油气等产品交易以及页岩气、煤制气、试采气等专项产品交易和 LNG 工厂原料气、化肥、发电等专场交易。2023 年交易额达 880 亿元，其中，天然气累计交易规模 1396 亿立方米。

专栏 1-8 重庆石油天然气交易中心

重庆石油天然气交易中心是国家发展和改革委员会、国家能源局和重庆市人民政府为深化油气体制改革、充分发挥市场在资源配置中的决定性作用，按照“高起点、高标准、国际化”要求，推动建设的国家级能源交易中心，主要为石油、天然气等能源产品以及石油天然气化工产品提供交易平台。其建设发展目标：一是充分发挥市场配置资源的决定性作用，提高交易效率、降低交易成本、提供应对市场价格波动的避险机制；二是通过交易市场化建设，为进一步推进油气体制改革提供支撑；三是逐步形成价格基准，更好地服务实体经济。

重庆石油天然气交易中心于 2017 年 7 月 25 日完成工商注册，2018 年 4 月 26 日实现上线交易。交易会员涵盖石油天然气产业链的生产、贸易、发电、化工、城镇燃气等企业。重庆石油天然气交易中心适应行业发展形势，以市场需求为导向，开展交易设计、研发交易产品，创新运用挂牌、竞价（竞拍、竞标）、中远期仓单及二次转让等多种交易方式，开展了国内管道天然气、境内外液化天然气、储气服务、成品油和液化石油气等产品交易。

经过 6 年发展，重庆石油天然气交易中心建设成效比较明显。一是交易规模稳步扩大。截至 2023 年底，累计发展交易会员 2700 多家，天然气交易规模达 1396 亿立方米，2023 年交易额达 880 亿元，其中天然气交易规模同比增长 25%。二是资源配置更趋精准。常态化开展年度合同外气量月度竞价交易和合同内气量预售及流转交易，结合市场主体个性化需求，开展页岩气、煤制气、试采气等专项产品交易和 LNG 工厂原料气、化肥、发电等专场交易。开展储气库储气服务交易，探索通过市场化手段促进储气设施建设。三是交易价格更具影响力。中石油合同外气量竞价交易成交价格成为资源方线下配置资源的重要依据。中石油西部区域 LNG 工厂原料气全部上线交易，成交价格成为国内市场风向标。

编制发布的川渝、鄂尔多斯、华中天然气现货价格，以及川渝、西北、环渤海区域 LNG 出厂（站）价格，得到行业广泛关注和应用。

资料来源：重庆市委金融办、重庆石油天然气交易中心。

三、重庆能源绿色与低碳发展基础

近年来，重庆按照国家总体部署和要求，有序推进能源领域碳达峰碳中和工作，能源领域碳排放量在一定程度上得到控制，碳排放“双控”等基础工作也取得积极进展。

（一）能源碳排放总量趋于稳定

随着生产领域能源消费总量的增长，其产生的二氧化碳排放量总体上也呈同步增长态势。2023 年和 2018 年相比，三次产业能源消费产生的二氧化碳排放量增长 10.9%。分产业看，第一产业能源消费产生的二氧化碳排放量增长 11.3%，第二产业能源消费产生的二氧化碳排放量增长 8.6%，第三产业能源消费产生的二氧化碳排放量增长 17.9%（见表 1-10）。

表 1-10　2018—2022 年重庆市三次产业能源消费产生二氧化碳排放量估算

单位：万吨二氧化碳

产业	2018 年	2019 年	2020 年	2021 年	2022 年	2023 年	累计增幅（%）
第一产业	284	299	308	340	355	316	11.3
第二产业	14587	14505	15210	15469	16199	15838	8.6
#规上工业	10997	11344	11474	12131	12555	13308	21.0
第三产业	4855	5254	5056	5583	5340	5725	17.9
合计	19725	20058	20573	21392	21893	21879	10.9

估算说明：相关年度重庆统计年鉴综合能源平衡表相关能源消费数据，1 吨标准煤燃烧产生 2.7 吨的二氧化碳。

注：由于数据修改，存在分项和总项不等的情况。

（二）生产过程能耗强度持续降低

2012 年以来，重庆持续推进节能降耗工作，能耗强度总体保持下降趋势，单位地区生产总值能源消耗量从 2012 年的 0.886 吨标准煤/万元下降到 2023 年的 0. 323 吨标准煤/万元，下降 63. 5%，而同期，全国能耗平均水平下降了 49. 8%（见图 1-2）。

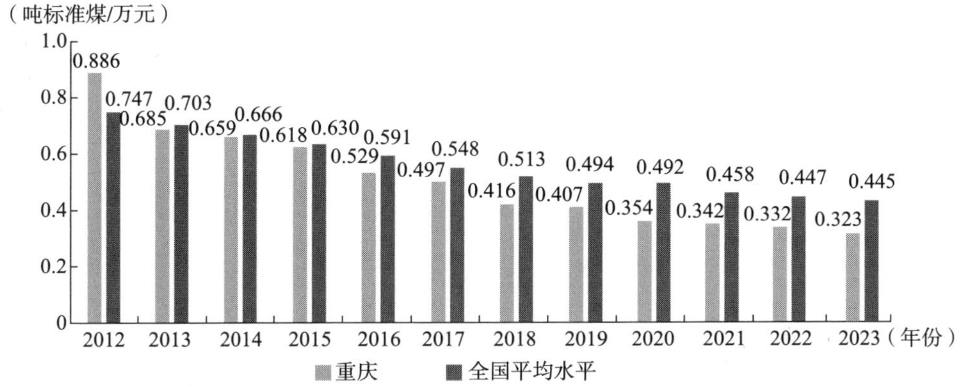

图 1-2 2012—2023 年重庆能耗强度与全国平均水平比较

三次产业能耗水平普遍降低。通过实施节能减排十大工程（2012—2015 年）、重点用能企业能效赶超三年行动计划（2018—2020 年）、煤炭去产能、新能源汽车推广应用、建筑节能、公共机构节能等重点工作，全市三次产业能耗显著降低。分产业看，第一产业能耗从 2012 年的 0. 352 吨标准煤/万元下降到 2023 年的 0. 048 吨标准煤/万元，下降 86. 4%；第二产业能耗从 2012 年的 0. 944 吨标准煤/万元下降到 2023 年的 0. 379 吨标准煤/万元，下降 59. 9%；第三产业能耗从 2012 年的 0. 192 吨标准煤/万元下降到 2023 年的 0. 090 吨标准煤/万元，下降 53. 1%（见图 1-3）。

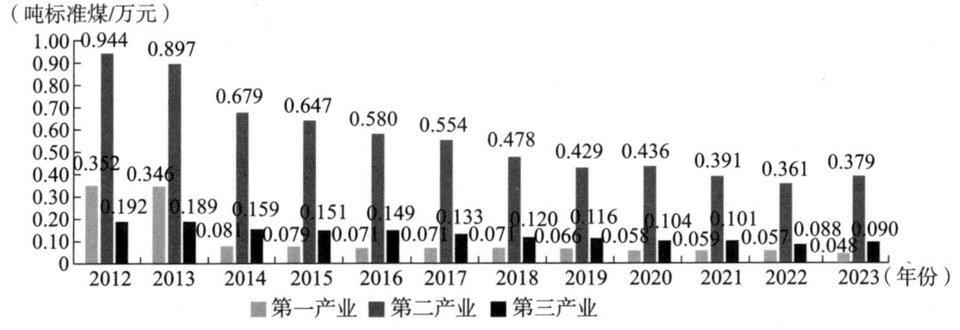

图 1-3 2012—2023 年重庆市三次产业能耗强度趋势

工业能耗持续下降。2012—2023 年，得益于燃煤锅炉“煤改气”、“煤改电”和淘汰工程，工业节能改造取得很大成效，规模以上工业企业单位产值综合能耗呈波动下降态势，2023 年比 2012 年下降了 29.6%（见图 1-4）。近年来，重庆加大绿色工厂和绿色园区建设，截至 2024 年 4 月，全市已累计建成国家级绿色工厂 133 家、绿色园区 12 个、绿色供应链 17 条，建成市级绿色工厂 330 家、绿色园区 28 个。

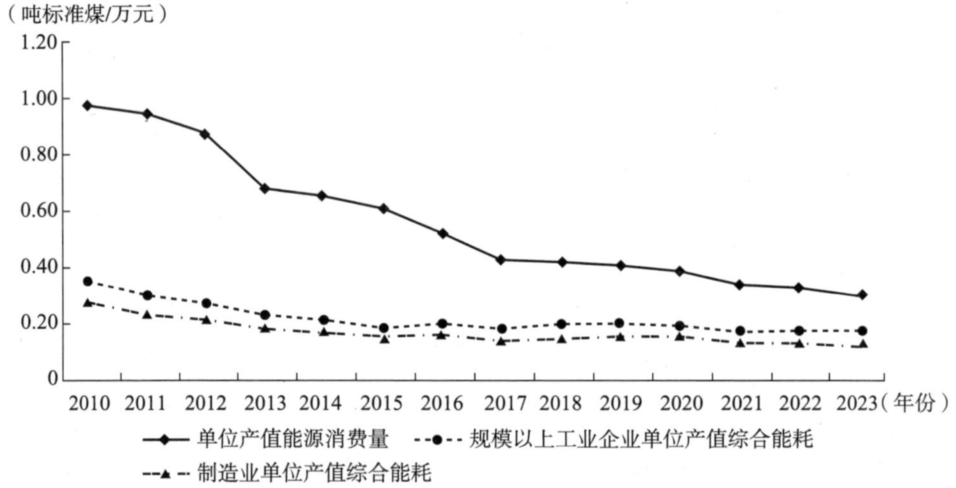

图 1-4　2010—2023 年重庆经济发展能源消耗

建筑节能水平不断提升。通过强制推广与激励引导相结合的工作机制，推动建筑工业化、数字化、绿色化融合发展，构建了单体建筑、住宅小区、生态城区三大绿色发展体系，被住建部批准为国家装配式建筑范例城市、智能建造试点城市。节能建筑规模不断壮大，截至 2023 年 7 月，累计实施以“水空调”为重点推动集中连片可再生能源建筑规模化应用 1500 万平方米，建成节能建筑超过 8 亿平方米，新建节能建筑达到城镇建筑总量的 60%。建筑节能技术体系不断完善，率先在夏热冬冷地区执行更高要求的节能 65%标准，全市城镇新建民用建筑节能强制性标准执行率达到 100%。节能建材产品取得突破，增强型改性发泡水泥保温板等新型节能建材产品研发与推广应用取得突破，共有 3 家企业的 9 项产品获得国家

“绿色设计产品”殊荣。

专栏 1-9 重庆市绿色建筑发展基础

建筑节能水平全面提升。截至 2023 年 7 月，累计实施以“水空调”为重点推动集中连片可再生能源建筑规模化应用 1500 万平方米，建成节能建筑超过 8 亿平方米，新建节能建筑达到城镇建筑总量的 60%。悦来生态海绵城市展示中心成为西南地区首个近零能耗示范建筑，市级近零能耗建筑示范项目——重庆国际生物城配套公寓工程 7 号楼、北碚“零碳小屋”建成投用。率先在全国创新建立了运用合同能源管理模式推动公共建筑节能改造的市场机制，完成了第二批国家公共建筑节能改造重点城市验收，推动公共建筑节能改造向绿色化改造转变，并结合老旧小区改造同步推动既有居住建筑节能改造。

节能建筑技术体系不断完善。率先在夏热冬冷地区执行更高要求的节能 65% 标准，全市城镇新建民用建筑节能强制性标准执行率达到 100%。严格落实新建城镇建筑从设计、施工到交付使用全过程的闭合监管制度。完善绿色建筑评价管理机制，印发了《重庆市绿色建筑创建行动实施方案》。优化建筑能效（绿色建筑）测评内容，修订了《重庆市建筑能效（绿色建筑）测评与标识管理办法》。绿色建筑的设计、施工、验收及评价全过程配套齐全的技术标准体系逐步形成。

绿色建材产业支撑能力不断增强。搭建重庆市绿色建材采信与应用管理平台，建立绿色建材采信应用管理制度，截至 2023 年 6 月，已有 60 个绿色建材产品信息审核通过并在该平台发布。制定了重庆市民用建筑工程绿色建材应用比例核算技术细则，建立并落实了绿色建材应用比例核定制度。率先在全国创新建立了绿色建材评价标识制度，形成了管理、标准、服务和应用四大支撑体系。2021 年以来，全市建筑垃圾综合利用率 61%，民用建筑绿色建材应用比例 60% 以上。

资料来源：网络资料整理。

（三）能源消费向绿色低碳转型

重庆积极倡导绿色低碳生产生活方式，陆续出台节能产品应用推广的支持政策，大力推广新能源汽车等节能智能装备，加强过程管控，能源绿色低碳消费取得实效。

交通领域清洁能源应用持续推广。2022 年和 2023 年，家用小汽车、出租车、物流特种车、公交客车等新能源汽车成为中心城区汽车增长的主体，分别增加 7.5 万辆和 10.7 万辆，占汽车增量的 64%和 78%；中心城区新能源汽车拥有量 27.4 万辆，占中心城区汽车拥有量的 12.5%。2023 年，中心城区机动化出行中，公共交通分担率 55.1%（公共汽车 34.0%、轨道交通 21.1%），个体机动化分担率 35.5%，出租车和网约车分担率 8.6%，其他出行方式分担率 0.8%。

物流领域智能化绿色化进程加快。推进物流数字化改造，数字化物流基础设施加快建设，港口码头、货运场站、国家物流枢纽、物流园区等全面智慧化，重庆智慧口岸 2.0 版、智慧港口、智慧园区、数字仓库等设施网络基本完善。实施货物包装和物流器具绿色化、减量化，推广使用无人机、无人车、自动分拣机器人等智能装备，逐步完善冷链智能自提柜、智能充换电站、智能快递箱等末端设施，绿色、低碳物流设备设施全面应用。

高能效节能产品广泛推广。组织开展绿色智能家电以旧换新、新能源汽车置换、新能源汽车下乡等促进绿色消费活动，推广使用新能源配送车辆和标准化载具，围绕智能网联新能源汽车、节能环保装备、清洁能源及储能等绿色优势产业大力发展高质量、高技术、高附加值的绿色低碳产品贸易。出台全国首个绿色商务发展实施意见①，全市 10 万平方米（含）以上的大型商场（超市）绿色商场创建率超过 40%。2023 年，全市累计创建国家级绿色商场 44 家、累计培育绿色饭店 90 家，这些商场单位建筑面

① 《关于推动美丽重庆建设促进绿色商务发展的实施意见》。

积耗电量/耗水量、万元营业额耗电量/耗水量等运营能效指标均居行业领先水平。

金融助力能源绿色低碳转型。印发《金融支持重庆工业绿色发展十条措施》，引导、支持金融机构创新推出“碳挂钩”贷款、合同能源管理未来收益权质押贷款等20余款专属绿色信贷产品，通过碳减排支持工具、支持煤炭清洁高效利用专项再贷款、“绿易贷”再贷款、“绿票通”等货币政策工具支持能源企业获得绿色贷款。截至2023年底，碳减排支持工具等4项货币政策工具累计支持企业获得113亿元低成本资金，预计碳减排量340万吨。

专栏1-10 绿色金融支持重庆能源企业绿色发展案例

2021年，建设银行重庆市分行发挥碳减排支持工具导向作用，向重庆三峰环境集团在荣昌区建设的生活垃圾焚烧发电项目投放了1.37亿元绿色信用贷款，保障了项目如期开工。截至2023年3月，建设银行重庆市分行已先后支持三峰环境10余个垃圾焚烧发电项目，累计投放绿色贷款约20亿元，其中，获批碳减排贷款4.6亿元，预估可带动年碳减排量约6万吨。

2021年11月，中国人民银行设立2000亿元支持煤炭清洁高效利用专项再贷款，支持7家全国性银行及其分支机构向煤炭安全高效绿色智能开采、煤炭清洁高效加工、煤电清洁高效利用、工业清洁燃烧和清洁供热、民用清洁采暖、煤炭资源综合利用、煤气层开发利用等七大领域发放优惠利率贷款。政策出台后，万盛经济技术开发区及时梳理全区煤炭清洁高效利用领域重点项目清单，积极与区内银行机构进行对接。2022年3月，工商银行万盛支行为神华国能重庆电厂环保迁建项目发放2291万元的贷款，贷款利率3.85%，实现了重庆市首笔煤炭清洁高效利用专项再贷款落地。

2023 年，重庆市生态环境局会同市发展改革委、市经济信息委、人行重庆市分行等部门征集形成四批次碳减排重点项目和煤炭清洁高效利用再贷款重点项目 360 余个、绿色贷款需求超 1000 亿元。

资料来源：互联网收集。

四、重庆能源发展政策基础

“十四五”以来，重庆围绕能源安全和绿色低碳主题，逐步完善了“条例+规划+专项政策”体系，总共涉及近 30 项能源相关政策，全市能源发展政策体系更加完善。

（一）综合性政策引领作用更加突出

2022 年 6 月，重庆市人民政府办公厅发布的《重庆市能源发展“十四五”规划（2021—2025 年）》是全市能源发展综合性规划，也是全市能源发展的总纲。该规划明确提出了“能源保障安全有力，能源绿色转型成效显著，能源利用效率大幅提高，普遍服务水平持续提升”四大目标，突出“绿色发展、安全保障、区域协调、统筹引领”四个方面的亮点，提出构建“多元安全的能源供给体系、创新引领的能源产业体系和互利共赢的能源合作体系”三大体系，推动能源结构绿色低碳转型和重点领域能源体制改革。

（二）能源安全政策体系逐步完善

在能源安全供给方面，修订了《重庆市节约能源条例》，编制了“十四五”电力发展、可再生能源发展、生活垃圾焚烧发电等专项规划，这些规划涵盖了相关能源供给和消费体系、基础设施建设等内容。编制了涉及能源供给结构、能源消费、能源基础设施等专项规划，如生态环境保护“十四五”规划提出了构建清洁低碳能源体系，应对气候变化“十四五”规划提出了优化能源结构重点工程。此外，还制定了与节约能源、能效管理相关的规划、实施方案（工作方案）和管理办法，确保能源消费安全

（见表 1-11）。

表 1-11　“十四五”以来重庆能源安全类主要政策

时间	政策名称	相关内容
2022 年 5 月	重庆市“十四五”电力发展规划（2021—2025 年）	提出构建多元安全的电力供给体系、建设灵活有效的调节储备体系、构建绿色低碳高效的电能消费体系、完善新型电力工业体系、建设协调有效的电力治理体系、深化互利共赢的电力合作体系
2022 年	重庆市“十四五”可再生能源发展规划（2021—2025 年）	提出到 2025 年可再生能源装机新增不低于 383 万千瓦，总装机规模达到 1361 万千瓦以上，占全市发电装机容量的 37. 3%以上；可再生能源电能消费总量约 780 亿千瓦时，年替代化石能源约 2420 万吨标准煤
2022 年 1 月	重庆市生态环境保护“十四五”规划（2021—2025 年）	提出以碳达峰碳中和为总抓手引领绿色转型，推动高质量发展。其中包括构建清洁低碳能源体系
2022 年 4 月	重庆市应对气候变化“十四五”规划（2021—2025 年）	提出了优化能源结构重点工程
2021 年 11 月	重庆市公共机构节约能源资源“十四五”规划	提出 2025 年全市公共机构单位建筑面积能耗下降 5%，人均综合能耗下降 6%，人均用水量下降 5%，单位建筑面积碳排放下降 7%
2022 年 2 月	重庆市严格能效约束推动重点领域节能降碳实施方案	到 2025 年，通过扎实开展节能降碳行动，推动重庆传统支柱产业绿色低碳转型，全市冶金、建材、石化化工等重点行业和数据中心整体能效水平明显提升，碳排放强度明显下降，绿色低碳发展能力显著增强，重点领域能效全部达到基准水平，标杆水平产能比例超过 30%
2022 年 6 月	重庆市全社会节约用电工作方案	提出了实施重点领域节电行动和建立完善促进节约用电的政策措施
2022 年 8 月	重庆市建筑能效（绿色建筑）测评与标识管理办法	推动城乡建设绿色发展，实现碳达峰碳中和工作目标，严格落实建筑能效（绿色建筑）测评与标识制度
2021 年 12 月	重庆市电力电煤补贴专项资金管理办法（2021 年修订稿）	专项资金主要用于统调电网火力发电企业（以下简称火电企业）储煤补贴；火电企业物流补贴；与电力电煤相关的其他补贴

（三）能源绿色低碳支持政策多元化

在绿色低碳可持续方面，制定了涵盖制造业、综合交通运输业、绿色建筑业、生活消费等领域节能减排降碳方面的政策措施。具体包括严格能效约束，扎实开展节能降碳行动，全市冶金、建材、石化化工等重点行业和数据中心、公共机构和综合交通整体能效水平明显提升；积极鼓励智能网联新能源汽车发展，建设世界级智能网联新能源汽车产业集群；大力推进绿色建筑发展，推进绿色低碳能源消费，金融支持能源绿色低碳发展；大力推进绿色商务发展，绿色消费体系逐步形成，开放型经济绿色转型加速推进，绿色会展探索初见成效，绿色平台发展持续推进，绿色循环经济快速发展。

表 1-12　“十四五”以来重庆能源绿色低碳可持续发展主要政策

序号	时间	政策名称	相关内容
综合类	2022 年 7 月	中共重庆市委重庆市人民政府关于完整准确全面贯彻新发展理念做好碳达峰碳中和工作的实施意见	提出到 2025 年，绿色低碳循环发展的经济体系初步形成，重点行业能源利用效率大幅提升。单位地区生产总值能耗比 2020 年下降 14%，单位地区生产总值二氧化碳排放下降率完成国家下达目标，非化石能源消费比重达到 25%，森林覆盖率达到 57%，森林蓄积量达到 2.8 亿立方米，为实现碳达峰碳中和奠定坚实基础
	2024 年 5 月	美丽重庆建设行动计划	打造天蓝水清土净的美丽重庆。其中：着力打好碧水保卫战，加强“水环境、水生态、水资源、水安全、水文化”五水共治，到 2027 年，长江干流重庆段水质稳定在Ⅱ类。打好蓝天保卫战，进一步实施空气质量改善行动，加强区域大气污染联防联控，确保优良天数比例稳定在 90%以上
	2022 年 9 月	重庆市“十四五”节能减排综合工作实施方案	提出了实施园区节能环保提升、城镇绿色节能改造、交通物流节能减排、农业农村节能减排、公共机构能效提升、煤炭清洁高效利用等十项节能减排重点工程

续表

序号	时间	政策名称	相关内容
制造业（含智能网联汽车）	2023 年 7 月	金融支持重庆工业绿色发展十条措施	提出对近零碳园区、绿色园区、绿色工厂等有关清洁能源利用、节能环保技改升级等项目贷款需求，积极运用碳减排支持工具对接，提供专项信贷支持
	2022 年 7 月	重庆市人民政府关于印发《以实现碳达峰碳中和目标为引领深入推进制造业高质量绿色发展行动计划（2022—2025 年）》的通知	提出推动能源消费低碳化转型。实施钢铁、建材、有色、化工等重点行业节能降碳改造升级专项行动，到 2025 年全市工业重点行业建成产能全部达到能效基准水平，30%以上达到能效标杆水平
	2024 年 1 月	支持企业高质量发展若干政策措施	1. 支持企业、园区实施节能降碳、节水、清洁生产等领域技改，开展动力电池和工业固废资源化利用，对单个项目固定资产投资不低于 1000 万元的，按不超过设备投入 10%的比例，择优给予最高 200 万元奖补。 2. 支持钢铁、电解铝、水泥、平板玻璃、化工等行业通过绿色技改率先达标，对技改后企业能效达到行业标杆水平（先进值）且单个项目固定资产投资不低于 2000 万元的，按不超过设备投入的 20%，择优给予最高 500 万元奖补
	2021 年 8 月	重庆市 2021 年度新能源汽车推广应用工作方案	提出支持整车企业开拓市场、加强公共领域推广应用、优化推广应用政策环境等支持措施
	2023 年 11 月	重庆智能网联新能源汽车零部件产业集群提升专项行动方案（2023—2027 年）	提出建成跨域融合、上下协同、互利共赢、全国领先的智能网联新能源汽车零部件产业集群，全市智能网联新能源汽车零部件产业营业收入达到 7000 亿元，累计新增新型智能网联新能源汽车零部件企业 800 家
	2022 年 8 月	重庆市建设世界级智能网联新能源汽车产业集群发展规划（2022—2030 年）	提出提升整车新能源和智能网联化水平等七项重点任务和实施科技创新等五项工程
	2022 年 9 月	重庆市推进智能网联新能源汽车基础设施建设及服务行动计划（2022—2025 年）	把加快能源基础设施建设作为规划实施的重点任务

续表

序号	时间	政策名称	相关内容
	2023年4月	渝西地区智能网联新能源汽车零部件产业发展倍增行动计划（2023—2027年）	围绕支撑世界级智能网联新能源汽车产业集群建设，搭建一批创新平台，突破一批核心技术，开发一批特色产品，打造一批产业链条，加快建成全国领先的智能网联新能源汽车零部件特色产业基地
	2021年6月	打造全国一流新能源和智能网联汽车应用场景三年行动计划（2021—2023年）	提出到2023年，全市新能源和智能网联汽车应用场景建设实现大幅跃升，建设成为国家级车联网先导区、换电模式示范城市、氢燃料电池汽车示范城市，场景建设规模和水平进入全国第一方阵
城乡建设、综合交通运输业	2022年1月	重庆市绿色建筑“十四五”规划（2021—2025年）	提出以提高新建建筑能效水平等为抓手，积极推动全市绿色建筑高质量发展。以区域集中供冷供热为重点，在悦来生态城、仙桃国际数据谷、广阳岛、九龙半岛等重点区域发展分布式能源，并将推进城镇新建公共机构建筑、新建厂房屋顶应用太阳能光伏
	2021年10月	关于推动城乡建设绿色发展的实施意见	提出推广节能低碳节水用品，推动太阳能、再生水等应用，鼓励使用环保再生产品和绿色设计产品，减少一次性消费品和包装用材消耗
	2023年1月	重庆市城乡建设领域碳达峰实施方案	建筑节能水平大幅提高，能源资源利用效率达到国际先进水平；用能结构和方式更加优化，可再生能源应用更加充分
	2023年3月	关于做好2023年全市绿色建筑与节能工作的通知	提出提升建筑能效水平、调整建筑用能结构
	2021年10月	重庆市综合交通运输“十四五”规划（2021—2025年）	提出深化交通节能低碳和污染防治等打造节能环保绿色交通体系
生活消费	2023年9月	关于推动美丽重庆建设促进绿色商务发展的实施意见	组织开展绿色智能家电以旧换新、新能源汽车置换、新能源汽车下乡等促进绿色消费活动，出台补贴激励政策，加大绿色低碳产品推广力度

续表

序号	时间	政策名称	相关内容
	2024年5月	推动美丽重庆建设促进绿色商务发展规划（2024—2030年）	到2027年，消费重点领域绿色发展水平显著提升，绿色开放型经济体系基本构建。培育绿色商场65家、绿色饭店40家、绿色分拣中心10个，国家级经开区绿色发展水平提升，绿色低碳产品市场占有率、进出口贸易量大幅提高，引进外资、对外投资进入绿色领域占比逐年上升

五、存在的主要问题

（一）能源禀赋欠佳仍是能源结构优化的重要制约

重庆能源供给结构优化面临以下主要问题。一是资源禀赋条件欠佳，清洁能源发展空间受限。全市水电发电量稳定性较差，且水力发电基本达到上限。风电等可再生能源受自然禀赋影响已达开发瓶颈，市内风光资源有限，且均为最低资源丰度的Ⅳ类地区，适宜开发的区域均处于高海拔、大坡度地区，开发成本高、利用难度大。目前，全市水电、风电、太阳能发电占全市发电量的23%左右，清洁能源发展空间潜力基本受限。二是能源对市外依赖度很高。原煤（含电煤）100%依赖陕西、新疆、内蒙古等地供给。成品油依赖中石油、中石化、部分国有企业、民营企业从市外供给。重庆没有天然气调配权，每年需求指标需要国家计划下达。三是夏季电力供给处于紧平衡状态。重庆夏季炎热，尤其是每年7月和8月，电力供需处于偏紧张状态。据测算，综合考虑重庆经济社会发展、电力项目规划及建设等情况，即使已确定的市内电源和疆电入渝等外电通道建成投运后，未来10年夏季电力供给仍可能处于偏紧张状态。

专栏 1-11　重庆清洁能源开发受限

重庆水资源时空分布不均，总量不足。重庆水资源东部多、西部少，汛期占 70%，非汛期占 30%。全市多年人均占有当地水资源量约为 1700 立方米，约为全国人均水资源量的 4/5，为世界人均水资源量的 1/5。根据国际公认的缺水标准，重庆市人均水量介于 1000~2000 立方米，属于中度缺水地区，西部 11 个区县人均水量介于 500~1000 立方米，属于重度缺水地区。年内降水分配多集中在 5—9 月，相对集中，对水资源的利用不利。虽然过境水丰富，但喀斯特地貌多，河流源短、流小，汇水急、退水快，提水成本高，水电开发利用难度大。

风光资源缺乏。重庆属于第Ⅳ类（最低）风能区和第Ⅲ类（最低）光照资源区。2022 年，风电、光伏发电年均利用小时数分别为 1913 小时、814 小时，分别较全国平均水平低 346 小时、388 小时，风光资源禀赋较差，风电和光伏发电有限。

（二）能源通道和基础设施建设仍有短板

目前，重庆的能源通道和基础设施建设仍然存在短板，难以完全确保全市能源安全。一是外部通道受限，面临较高的保供风险。夏季用煤高峰时期，原煤铁路运输通道兰州—重庆、西安—重庆、大同—重庆等线运能偏紧且运价偏高。同时，煤炭、成品油还通过三峡大坝航运入渝，一旦国内煤价上涨或三峡大坝拥堵，重庆将承受很大的购煤、运煤压力。另外，极端天气或突发性事件造成铁路运输或长江运输阻断，都将对重庆煤炭采购带来较大压力。二是清洁能源基础设施建设力度有待提升，面临低碳清洁能源供给能力偏弱的风险。受限于光伏、风电、天然气等清洁能源设施规划建设规模，清洁能源电量消纳占比处于 10 年来最低水平，建设低碳绿色能源体系的能力面临较大压力。三是应对极端条件下的能源保障能力有待提升。重庆电网基础设施扩能速度跟不上经济社会需求增长速度，夏季高峰时期电网输送电能力有限，电力负荷极限承压，最大电力负荷缺口比较大。同时，可调度的储气库尚在建设中，调峰燃机、抽水蓄能、新型储能等应急备用和调峰电源容量仍处于较低水平，防范应对极端条件下的能源储备和保障能力有待提升。四是新型储能设施尚处于商业模式探索期，运营存在困难。新型储能项目受抽水蓄能项目等其他储能项目影响，日调用次数基本处于不饱和状态，2024 年以来新型储能项目平均日调用次数不满两次，新并网的南川大燕新型储能日调用次数不足一次。已投运的新型储能项目大多处于不饱和状态，面临政策性亏损[①]。

（三）能源领域绿色化低碳化发展水平还不高

虽然重庆能源绿色低碳发展具有较好的基础，但也还存在一些不容忽视的问题。一是能源消费碳排放总量基数较高，减少有难度。从能源消费二氧化碳排放总量看，2021 年、2022 年和 2023 年均超过 1.9 亿吨。从全市能源消费结构看，2020 年以来，受电煤保供持续增长、民用车辆保有量和公路货运量增长因素的影响[②]，煤炭和油料消费产生的二氧化碳排放量有所增长，尤其是偏重煤电的需求将长期存在，全市能源消费碳排放总量难以减少（见表 1-13）。二是能源绿色低碳消费方式转变不快。绿色低碳发展理念需要进一步强化，对能源绿色低碳发展的长期性、紧迫性认识还不足，企业组织、居民对能源绿色发展还缺乏充分的认识，传统发展方式的惯性思维和路径依赖依然存在。节能产品生产消费激励和约束政策还不完善。能源绿色低碳发展需要企业在技术、工艺、资金、管理上持续投入，也需要政策和金融层面的大力支持。但节能产品的市场价格形成机制尚不健全，节能产品生产补贴和消费激励力度还不够，生产积极性还不高，居民接受程度有限，节能产品推广应用力度有待加大。如重庆 2023 年新能源汽车保有量 44.7 万辆，占全国新能源汽车保有量的 2.2%，在全国城市排名第 9 位，新能源汽车保有量还有待提升。三是新能源消费配套

---

① 重庆市暂未落实“非峰非谷”时段充放电政策。

② 2023 年，重庆市民用车辆保有量 929 万辆，比 2020 年增长 21.4%；重庆市公路货运量 11.78 亿吨，比 2020 年增长 17.8%。

基础设施不足。虽然近年国家、重庆相继出台了一系列支持新能源汽车发展的规划和政策，但是新能源汽车消费配套基础设施不足，新能源汽车充电设施存在布局不够完善、运营不够规范、服务不够均衡等诸多问题，消费者对“找桩难”“进小区难”“公路充电难”“充电时间长”等仍有较多担忧。

表 1–13 重庆市能源消费产生的二氧化碳排放量估算

指标	年份	煤炭	天然气	油料	合计
能源消费总量（万吨标准煤）	2020	3930	1397	1406	6733
	2021	3982	1757	1408	7147
	2022	4069	1755	1274	7097
	2023	4166	1823	1531	7520
产生二氧化碳排放量（万吨）	2020	10611	3772	3795	18179
	2021	10752	4743	3800	19296
	2022	10985	4738	3439	19163
	2023	11248	4921	4134	20304

估算说明：以常用的煤炭、天然气和油料三大化石能源做估算。1 吨标准煤燃烧产生 2.7 吨的二氧化碳。

（四）能源政策体系有待进一步完善

虽然重庆出台了一系列保障能源安全和可持续发展的配套政策，但政策体系总体来说还有不完善之处，值得改进。一是法律规章建设滞后。《中华人民共和国节约能源法》《中华人民共和国可再生能源法》印发后，修订了《重庆市节约能源条例》，但重庆没有针对可再生能源制定相关条例，并根据《中华人民共和国可再生能源法》配套出台相关实施办法。二是全国统一的能源市场建设力度不够。2022 年 3 月，《中共中央　国务院关于加快建设全国统一大市场的意见》提出“建设全国统一的能源市场”，但重庆政策对“建设全国统一的能源市场”缺乏统筹安排，还没有明确的时间表和路径图。三是能源供应保障能力建设落地政策较少。重庆作为能源受入省份，能源依存度高，虽然编制了《重庆市“十四五”电力发展规划（2021—2025年）》《重庆市“十四五”可再生能源发展规划（2021—2025年）》，但缺乏落地实施的相关政策措施。如在渝东南和渝东北大力发展风电、光电，由于源荷逆向分布，导致区域供需不平衡，目前“源网荷储”一体化发展的支持政策偏少，尚无更有效措施。

第二章　2025 年重庆能源发展环境及展望

2024 年以来，国际能源安全形势持续受地缘政治冲突影响，国际油气市场供需呈紧平衡状态，我国积极应对全社会用能需求，加强能源安全保障，多措并举推进能源绿色低碳转型。展望 2025 年，重庆市将紧扣“新时代西部大开发重要战略支点”“内陆开放综合枢纽”两大定位，全面落实落细能源发展政策措施，加快能源保障“内增外引”双向发力，持续推进能源绿色低碳转型，积极打造清洁低碳、安全高效的现代能源体系，助力构建绿色高效的新型能源算力枢纽，全市能源高质量发展将不断迈上新台阶。

一、2025 年重庆能源发展环境

（一）国际环境

国际能源市场受区域经济发展和地缘政治格局持续影响，各国将在应对全球气候问题、碳减排方面达成更多共识。全球化石能源消费增量将进一步放缓，可再生能源将迎来快速增长期。

1. 国际能源安全格局博弈加剧

2024 年以来，俄乌冲突、巴以冲突等持续冲击世界能源地缘格局。俄乌冲突爆发以来，尤其“北溪”天然气管道爆炸事件之后，欧洲地区对俄罗斯天然气进口量持续下滑，美国出口的 LNG 加快占据欧洲市场，但高价 LNG 也推高了欧洲经济社会发展成本。上半年，欧洲国家进口俄天然气出现复苏趋势，欧盟进一步限制俄罗斯经欧盟港口的 LNG 中转出口，这一措施或将在未来两年牵动欧洲、亚太、北美地区天然气贸易格局持续演变。同时，巴以冲突交火停战持续反复影响国际油价波动，其衍生的红海冲突导致中东地区石油供应安全风险成本激增。此外，“欧佩克+”组织石油减产措施将导致石油供应收紧，国际油价高位震荡。下半年，美国进入大选关键期，“欧佩克+”减产措施放缓，国际地缘政治环境面临突变风险，国际原油市场紧平衡局面有望得到缓解。

2. 全球能源结构转型仍趋缓慢

2024年以来，随着全球经济进一步复苏，化石能源消费份额仍将保持高位。煤炭供给方面，据国际能源署预计，2024年全球煤炭消费总体保持稳定，全年可达87.4亿吨，欧盟、美国、日本、韩国等发达经济体对煤炭需求的下降可抵消亚太地区的需求增长，2025年，亚太地区可再生能源发电极有可能满足电力需求增长幅度，全球煤炭需求有望呈现反转趋势。石油供给方面，2024年石油市场宽幅震荡，石油价格出现“过山车式”波动，下半年将呈现供小于求的局面，全年石油和其他液体燃料的消费量将达到10294万桶/日，2025年将增至10455万桶/日。天然气方面，2024年上半年，全球天然气市场供需宽松，第一季度国际气价震荡走低，第二季度出现上涨，天然气需求增长势头强劲，全球天然气需求量有望达到4.02万亿立方米，在亚洲地区新兴市场带动下，亚洲LNG需求量将增长明显，2025年全球天然气需求量将进一步上升。

3. 可再生能源与储能推广应用加快改善能源格局

随着世界各国大力促进风、光、水等可再生能源应用，亚太地区、主要发达经济体可再生能源生产及利用规模持续扩大，推动全球能源低碳转型。2024年，全球对可再生能源、电动汽车、储能等领域的投资将达到2万亿美元，是化石燃料领域投资的两倍，主要来自中国、欧洲、北美地区，新兴经济体和发展中经济体，可再生能源投资仍然存在短缺。未来5年全球可再生能源装机容量将迎来快速增长期，风能和太阳能装机规模将持续扩大，风电和光伏总量将超过水力发电，但短期内氢能、生物能源发展缓慢。到2025年，全球能源供给有望迎来一个重要里程碑，可再生能源发电量将占全球电力供应总量的35%，可再生能源的发电量有望超过燃煤发电。此外，新型储能日益成为新能源产业发展新赛道，预计2024年全球储能新增装机规模有望达到70吉瓦/163吉瓦时，分别同比增长36%/43%，2025年仍将保持高速增长。

4. 能源排放问题挑战严峻

应对气候变化已经成为世界各国共同面临的挑战，联合国气候变化框架公约各成员国对“转型脱离化石燃料”的路线图达成一致。2024年，为加快化解碳排放问题，全球逐步加大碳捕集、利用和储存（CCUS）领域投资，推广应用CCUS技术，构建二氧化碳捕集、运输、地质封存全链条标准体系，二氧化碳捕集市场不断发展和壮大。同时，随着未来两年亚太地区、主要发达经济体可再生能源利用规模持续扩大，全球二氧化碳排放趋势有望放缓。此外，碳市场将持续活跃，欧盟、英国、美国、新西兰、韩国等国际主要碳市场进一步提高减排目标，分别削减配额总量2.2%、0.3%、4%、1%、0.96%，并通过调整免费配额完善碳市场机制，未来碳市场将与金融市场更加紧密地结合，吸引更多的金融机构和投资者参与共同推动全球碳市场的建设。

但值得注意的是，欧洲地区可再生能源的发展速度低于预期。由于欧洲当前经济复苏乏力，难以持续扩大风能和光伏发电领域投资规模。同时，欧盟为维护汽车行业利益，暂缓发展新能源汽车产业，将加剧欧洲地区消费端节能减排困境。虽然全球各国对推动能源低碳化转型达成诸多共识，但各国现实的经济社会发展困境仍将对携手应对气候变化、完善全球环境治理体系带来诸多挑战。

（二）国内环境

受国际能源发展局势影响，在持续推进碳达峰碳中和背景下，能源供给安全在国家能源战略中的重要性更加凸显。我国将加强统筹能源安全供应和绿色低碳发展，能源储备能力将显著增强，清洁能源生产与消费规模将进一步扩大，碳市场交易持续活跃。

1. 能源供给有效保障消费需求增长

2024 年，全国能源供应总体延续增长趋势，能源生产总量力争达到 49.8 亿吨标准煤，保障能源需求增长。煤炭方面，全国煤炭供应总量将保持增长态势，战略储备基地建设加快推进，以增强应急保供与调节能力，全年煤炭产能将有序释放，进口原煤稳步增长，煤炭供给面总体宽松。石油方面，石油消费大幅度恢复性反弹阶段已经结束，石油特别是成品油供应将进入达峰窗口期，国内将持续挖掘油田稳产上产潜力，但原油主要供给渠道仍依赖进口。天然气方面，全年天然气需求将保持较高趋势，预计可达 4200 亿立方米，增速在 6.3%以上，自产天然气保持增长，预计 2460 亿立方米，剩余 41.4%用气需求仍依赖进口①，地下储气库、沿海液化天然气接收站储罐工程建设将提升国内天然气储备能力。电力方面，国内电力投资趋势良好，新增发电装机规模有望继 2023 年之后再超 3 亿千瓦，全年发电量将接近 10 万亿千瓦时，电力供需将延续总体紧平衡态势。2025 年，全国将加快推进现代能源体系建设，国内能源年综合生产能力将迈上 50 亿吨标准煤台阶，煤炭保供体系更加健全，石油天然气储备能力稳步提升，电力供应保障有力。

2. 传统能源加速绿色低碳转型

2024 年上半年，多项能源绿色化、低碳化转型有关政策加快出台，为推动传统产业绿色低碳转型明确了任务目标和发展方向。国务院印发《2024—2025 年节能降碳行动方案》，提出 2024 年、2025 年重点领域和行业节能降碳改造形成节能量约 5000 万吨标准煤、减排二氧化碳约 1.3 亿吨的任务目标。国家发展改革委、国家能源局印发《煤电低碳化改造建设行动方案（2024—2027 年）》，提出 2025 年建成投产的煤电低碳化改造建设项目度电碳排放较 2023 年同类煤电机组平均碳排放水平降低 20%左右的

① 数据来源：国家统计局、《中国天然气发展报告（2024）》。

目标。未来两年，我国将在传统产业化石能源消费减量替换及产能置换等现有成效基础上，继续围绕能源、工业、建筑、交通等重点领域和钢铁、电解铝、水泥、炼油、乙烯、合成氨等重点行业，通过降低高碳能源消费、生产工艺低碳化改造等手段，推动绿色低碳化持续转型，同步推进煤电节能降碳改造、灵活性改造、供热改造“三改联动”和煤电机组低碳化建设。

3. 新能源持续推动能源结构调整

2024年，可再生能源发展仍将成为调整能源结构的主要动力，进一步吸引能源投资项目。2024年上半年，全国可再生能源发电新增装机容量1.34亿千瓦，同比增长24%，占全国新增电力装机容量的88%，太阳能发电、风电领域成为“主力军”①。目前，风电与光伏发电合计装机（11.8亿千瓦）已超过煤电装机规模（11.7亿千瓦）②。与此同时，按照国家《2024—2025年节能降碳行动方案》要求，2024年、2025年非化石能源消费比重分别提高到18.9%、20%左右③，在光伏发电、风电持续作为可再生能源主要增长动力的背景下，新能源产业将同步注重新型储能领域发展，以解决可再生能源发电并网的间歇性和波动性问题。此外，抽水蓄能投资增势加快，投资增速达30.4%，受国家政策红利影响，短期内将吸引更多投资。

4. 能源服务能力提档加速

目前，我国碳市场已顺利完成两个履约周期建设运行，已建立全球覆盖温室气体排放量最大的碳市场，2024年全国碳市场步入第三个履约周期，升级扩容步伐提速④。1月，全国温室气体自愿减排交易市场正式启

① 据国家能源局数据，上半年可再生能源发电新增装机容量中，水电新增容量499万千瓦，风电新增容量2584万千瓦，太阳能发电新增容量1.02亿千瓦，生物质发电新增容量116万千瓦。

② 数据来源：国家能源局。

③ 据国家统计局数据，2023年全国非化石能源消费比重为17.9%。

④ 2017年底，中国启动碳排放权交易，2021年7月，全国碳排放权交易市场（强制性碳市场）开市。2019—2020年是中国碳市场的首个履约周期，2021—2022年是第二个履约周期。

动，进一步形成了全国碳市场、全国温室气体自愿减排交易市场为支撑，地方碳交易试点、多地碳普惠机制互为补充的碳市场体系。同时，绿色金融服务“双碳”目标能力持续升级，绿色贷款、绿色保险、绿色基金等金融工具将有效支持全国经济绿色发展。3 月，中国人民银行联合国家有关部委印发《关于进一步强化金融支持绿色低碳发展的指导意见》，推动国内金融支持绿色低碳发展体系达到国际领先水平。绿色金融将加快规范绿色债券、绿色股权、绿色保险等产品开发、优化金融业务碳核算标准，完善包含气候变化风险因素的风险防控机制。

但是，我国能源供应保障体系仍不够健全，人均用能远低于发达国家，约为 G7 国家平均水平的 50%。同时，第二产业能耗约占全国能源消费总量的 70%，但二氧化碳排放约占全国碳排放总量的 80%，产业低碳化转型任务艰巨。此外，风电光伏大规模发展与国土空间资源利用矛盾日益突出，新能源发电并网持续增加加重电力系统调节负担，碳市场扩围扩容对数据质量、公正转型、地方衔接等方面提出更高要求。未来一段时期，统筹能源安全供应和绿色低碳发展仍将面临多重困难。

（三）市内环境

为加快构建现代能源体系，支撑国家战略腹地核心承载区建设，重庆将着力提升能源安全保障抗风险能力，大力拓展能源供给渠道，持续加大页岩气资源开发力度，加快推进外电入渝工程，完善新能源与节能储能设施项目布局，推动能源结构绿色低碳化转型。

1. 多部门协同推进构建现代能源体系建设

2024 年以来，重庆市能源局联合市发展改革委统筹推进全市能源安全保障体系建设，加快建设市内储煤基地、油气管网和储库、新能源发电、抽水蓄能电站、新型储能、特高压等基础设施，随着未来两年能源多项重大项目竣工投产，全市能源保供基础将进一步夯实。1 月，重庆市经济信息委印发《重庆市推进制造业绿色低碳发展实施方案》，多部门将联合推动实施工业能源消费电能替代、工业资源协同循环利用、创新工业绿色低碳技术等举措，制造业绿色化与数字化将深度融合发展。5 月，重庆市商务委印发《推动美丽重庆建设促进绿色商务发展规划（2024—2030 年）》，旨在加大商务领域绿色发展保障力度，引导全市绿色消费、发展绿色商贸，未来两年在太阳能、氢能、生物质能等清洁能源领域对外投资规模有望扩大，能源国际合作将进一步深化。

2. 清洁能源更好发挥替代作用

2024 年，重庆能源绿色低碳发展措施将加快落实，天然气、可再生能源、新能源汽车利用规模的提升，将加大煤炭、成品油消费替代力度。6 月《重庆市“百万千瓦屋顶光伏”建设方案（2024—2025 年）》出台，明确 2024 年 5 月至 2025 年 7 月新增屋顶光伏超过 100 万千瓦，累计为 200 万千瓦，屋顶光伏项目将加速清洁电力替代。随着疆电、川电、藏电、陕电等多渠道外电入渝格局形成，将带动清洁电力更大规模入渝消纳。中国石油、中国石化持续加大重庆市供气规模，有效保障新并网发电燃机项目用气需求，促进天然气清洁电力消纳。同时，重庆市人民政府办公厅印发《重庆市新能源汽车便捷超充行动计划（2024—2025 年）》，超充为主体、新能源汽车与电网融合互动的高质量充电基础设施体系将在未来两年加快建设，新能源汽车市内应用场景将持续拓展，有效替代成品油消费。

3. 能源市场化与碳市场建设步伐加快

2024 年，能源市场化交易环境更加宽松，上半年重庆石油天然气交易中心成交天然气上百亿立方米，交易量、交易额增速均超过 35%，未来天然气定价机制、资源配置机制将进一步优化，重庆石油天然气交易中心将在引导市场预期等方面发挥更大的作用。碳市场进入第三个履约周期建设，市场主体积极性更高，企业参与数量将进一步提升，碳权交易规模持续提升的同时，碳市场规则制度更加完善，自愿减排市场将与传统的强制减排碳市场形成联动机制，更大程度激活碳市场配额流动。未来两年，重庆碳市场将持续拓展，构建更为健全的碳权交易机制，在带动西部地区绿色低碳化发展中持续发挥引领作用。

但同时，重庆能源对外依存度仍较高，随着全市用电需求逐年攀升，省际输电、运煤通道不足，将加大能源保供压力。常规水电资源殆尽、风光资源有限，将制约能源结构优化调整。调峰燃机、抽水蓄能、新型储能等能源设施规模不足、调峰协调机制不健全，将加大对外资源协调与市内生产组织平衡难度。

二、2025 年重庆能源发展展望

展望 2025 年，能源发展内外部动能持续增强，能源基础设施建设进一步夯实，形成多元安全的能源供给体系，可再生能源利用有效推动能源结构绿色转型，在清洁能源消纳、氢能推广应用等领域持续发力，将极大激活重庆能源发展潜力。预计 2025 年，重庆电煤、成品油供需规模持续收紧；天然气（含页岩气）生产量在 180 亿立方米左右，天然气（含页岩气）消费量在 160 亿立方米左右。全市供电规模在 1600 亿千瓦时以上，发电量稳定在 1200 亿千瓦时左右，可再生能源发电量占市内发电量比重达到 27%。

第三章　对策建议

一、构建多元安全的能源供给体系

坚持统筹发展和安全，加快建设新型能源体系，积极开发本地清洁能源与有序扩大市外能源调入规模并重，构建多元灵活的能源保障格局和内畅外通的能源供给基础设施体系，提升能源安全保障能力。

强化能源供应保障能力。一是稳定外煤入渝保供渠道。统筹布局外电入渝通道，加快建设哈密—重庆±800千伏特高压直流工程，预留金上—湖北、宁夏—湖南特高压直流输电通道，预控藏电、柴达木沙漠新能源基地等外电入渝及过境输电通道的廊道空间。加快推进“疆电入渝”建成投用，有序推进渝黔灵活互济或背靠背联网工程，稳步拓展市外购电渠道，促进疆电、川电、藏电、陕电等优质低价电量入渝消纳。畅通“疆煤入渝”“陕煤入渝”通道，着力优化电煤运输结构，降低电煤采购和运输成本。二是加强电力供应保障。完善外电入渝通道和外部电源点的建设，进一步巩固重庆能源安全，满足未来能源消费需求。大力提升网内调峰和储能能力，推进燃煤机组灵活性改造，建设一批燃气机组和抽水蓄能电站。进一步健全电力需求侧响应管理体制机制，探索构建虚拟电厂，发展分布式能源供需管理的商业模式。加快推动特高压等电力设施建设，推动川渝特高压电网一体化。三是增强油气供应保障。聚焦川渝地区超深层常规天然气、深层页岩气和页岩油开发，加大目的层系勘探力度，持续开拓规模增储新阵地，统筹做好勘探开发高效衔接，加快提升页岩油气开发产能。

加强与云南、四川、广西等省区合作，推动重启中缅原油管道昆明—重庆段，研究布局皎漂港 LNG 接收站，开展广西—重庆、成都—重庆原油管道论证研究，争取国家支持建设曲靖—昭通—宜宾—泸州—永川成品油管道，提升昆明、成都、重庆 3 个炼化基地互济互保能力。论证布局重庆炼化一体化项目以及重庆原油储备基地。完善天然气勘探开发利益共享机制，创新央地合作模式，加快推动资源就地转化、就地加工处理和综合利用。

提升能源运行韧性安全。一是提升能源储备调度能力。依托港口码头、铁路站点、用户货场，适时新建、改扩建一批储煤基地。加快推进抽水蓄能电站建设。构建以地下储气库为主，以气田调峰、CNG 和 LNG 储备站为辅，以可中断用户为补充的天然气综合性调峰系统。建设中国航油西南战略储运基地、成品油库等集散库，持续完善市级成品油应急储备机制。二是提升能源应急保障能力。建立能源安全预警体系，加强能源月度、季度监测，动态监控能源供应保障风险。强化重要能源基础设施、设备检测和巡视维护，提高抵御地质灾害、极端天气等突发事件冲击的能力。持续发挥重庆石油天然气交易中心作用，降低能源交易成本。探索在 RCEP 机制下，用好国际能源市场，加快与澳大利亚、东盟等国开展能源战略合作。支持电网企业做好分时电价执行情况单独归集、单独反映和及时上报，加强对分时电价执行情况进行定期评估，适时对分时电价机制实施范围、时段、浮动比例等进行校核和动态调整。

完善能源治理体系。一是加强标准化建设。持续推进能源转型关键技术标准制修订，加快新技术标准实施，聚焦天然气、新能源、可再生能源、电力气象应用、综合能源服务等领域，研究组建标准化技术组织。研究推动能源标准化信息管理平台建设，促进能源标准化工作质量效率显著提升。二是完善监管建设。深化落实国家能源规划及政策举措，加快对接重大项目，放宽电力市场准入条件，完善电力调度、市场交易、油气管网设施建设市场监管机制，优化能源市场化定价机制，削减用户用电、用气成本，鼓励错峰用电。三是优化能源工业信用环境。建立健全能源行业守信激励与失信惩戒机制，加强行业市场主体信用等级评价，严肃查处违法违规行为，有效维护市场秩序。

二、扩大以非化石能源为主的能源消费

深入开展清洁能源技术创新，推动能源生产端清洁能源替代、能源消费端电能替代，优化能源配置，逐步形成以非化石能源为主导的低碳能源消费结构，促进全市碳达峰碳中和目标实现。

推动重点领域绿色低碳转型。一是推动高耗能行业减碳降碳。聚焦钢铁、水泥、化工、有色金属等重点高耗能行业，配套建设规模富氢气体冶炼、生物质燃料及可再生能源电力替代、可再生能源生产化学品、高性能惰性阳极和全新流程再造等集成示范工程。鼓励重点行业领军企业在绿色低碳技术创新应用方面加大投入，加快在生产工艺深度脱碳、工业流程再造、电气化改造、二氧化碳回收循环利用等节能降碳关键环节，打造低碳技术改造示范项目，争取光解水制氢、金属储氢、甲醇储氢、空气直接碳捕获工厂等示范装置布局。强化工业能效提升，对标国际先进水平，构建绿色制造体系。加强重点领域工艺过程和装备技术创新，推动高耗能工业部门用能端降低燃煤消耗和煤电依赖，加快用能转型升级步伐。二是加快建筑与生活消费领域电气化。加大节能建筑与节能设备推广力度，强化建筑行业能效约束，推广部署先进热泵技术和电炊事技术，进一步提升建筑行业的整体能源效率。完善绿色建筑标准及认证体系，推广应用装配式建筑、钢结构建筑和新型建材，推进既有建筑节能和绿色化改造，降低建筑运行能耗。

开展低碳制造试点示范。一是培育创建绿色低碳工厂。引导企业加快建设绿色低碳车间，积极创建国家级、市级绿色工厂。引导现有绿色工厂进一步提标改造，以“低碳”“零碳”为目标，对标国际先进水平，打造“超级能效”工厂和“零碳”工厂，推进国家级绿色工厂向“零碳工厂”

转型。二是打造绿色低碳园区。持续创建绿色园区，推动有条件的绿色园区低碳升级，健全园区碳排放管理机制。推动园区企业循环式生产和产业循环式组合，打造园区内绿色低碳产业链条。鼓励园区创新工业节能减排技术，拓展低碳、零碳和负碳技术应用场景及载体，开展近零碳园区试点。

稳步推广绿色低碳出行。一是完善绿色低碳交通体系。积极构建绿色低碳交通运输网络，依托长江黄金水道和国际多式联运枢纽体系，大力发展江海直达、干支直达运输，促进大宗货物运输“公转铁”“公转水”。打造城市低碳慢行交通体系和推广微型出行共享服务。在地势相对平坦的适宜地区新修城市绿道，打造自行车等慢行交通出行系统，加快布局共享单车、电动自行车和电瓶车等交通，在中心城区布局低碳交通示范区，不断优化“公交+轨道+慢行”融合发展，提高常规交通的“最后一公里”覆盖率和通勤效率。二是出台鼓励市民绿色出行的相关政策。加大电动汽车、氢燃料电池汽车等新能源汽车推广力度，加速高速电气化铁路建设和改造，逐年提高新能源小客车购置比例，逐步提高新能源汽车在城区公交、出租、市政环卫、市政工程、轻型物流配送、乘用车、公务用车等领域的占比。完善新能源的配套基础设施，加快布局充电桩等新基建设施。

三、加快推动绿色能源发展

加快推动电网互联和智能电网建设，大力发展氢能及相关产业，增加战略储备和调节能力，持续推动能源绿色低碳转型和高质量发展。

大力推动氢能产业发展。一是积极推动传统制氢清洁化。加速煤气化和天然气蒸汽甲烷重整（SMR）两种传统制氢工艺同二氧化碳捕获和封存技术（CCS）深度结合，实现制氢过程清洁化，提升“蓝氢”生产能力。加大工业副产氢利用规模，加快推动九龙坡区等重点区域氢能储运设施建设，探索制氢加氢一体站示范项目建设。二是积极发展新能源电解水制氢（绿氢）技术。加大技术研发和政策倾斜力度，降低绿氢成本，同“蓝氢”生产形成良性竞争，推动绿氢普及和规模化推广。加快推进“成渝氢走廊”建设，构建氢能物流线路和供应网络，优化布局氢能、充换电基础设施站点，推广应用氢能技术服务标准，落实配套支持政策。三是前瞻布局建设氢能全产业链。巩固成渝氢走廊成果，升级打造西部陆海新通道氢走廊、长江经济带氢走廊，助力西部打造氢能及燃料电池产业发展高地。积极打造深化“制氢、储氢、运氢、用氢”全产业链，依托重庆汽车产业基础优势，积极推动长安、庆铃、上汽红岩等整车企业开展氢能源汽车的商用研发，同时培育氢能源龙头综合服务商，提升产品和服务输出能力，加强氢能存储、输送关键技术攻关，占领氢能发展制高点。探索城市配送、公交、环卫、港口运输等多场景氢燃料电池汽车规模化应用；积极开展绿氢、工业副氢在化工、冶金、综合能源、储能等领域的应用研究。

加强电网互联和智能电网建设。一是加大特高压输电投资和建设部署。加快融入全国特高压输电骨干和节点网络建设，积极推进川渝电网一体化等重点工程建设，充分发挥跨地区清洁资源互补效益，弥补重庆清洁能源的供应短板，提升清洁能源的供应保障能力。二是积极推动先进储能技术与电力部门深度融合。基于重庆分布式储能与电网互动试点项目的试点经验，创新储能技术与电网的融合方式，大力支持电化学等新型储能技术发展，健全储能配置体系，推动储能与电力系统深度融合，提升电网的稳定性和灵活性，加速电力清洁化进程。三是积极推动智能电网建设。在区域互联互通的电网结构中，充分发挥智能电网的调度作用，有效降低光伏和风电的调峰需求，助力清洁能源高效消纳，打造多能互补的电力结构。

四、强化绿色低碳技术应用

大力推动碳减排等关键核心技术攻关，建设绿色低碳技术创新平台和新型能源算力中心，加快推动低碳技术推广应用和发展方式的绿色低碳转型。

加快建设新型能源算力应用中心。一是加快建设绿色高效的新型能源算力枢纽，鼓励龙头企业参与推进算力赋能新型工业化建设应用，推动以绿色化、智能化、定制化等方式高标准建设数据中心，有效提供“能源流、业务流、数据流”一体化算力，支撑能源智能生产调度体系，实现源网荷互动、多能协同互补及用能需求智能调控。二是加快建设公共算力服务平台，通过共享、错峰等方式推动闲置算力资源逻辑整合，以服务形式进行交付，为中小企业、科研机构、个人家庭等提供普惠算力，提升算力普惠服务水平。

建设绿色低碳技术创新平台。一是规划建设高水平绿色低碳研究平台。以绿色低碳领域关键共性技术研发、先进适用技术转化应用为重点，组建一批面向全行业提供技术服务的绿色低碳产业研究院。以西部（重庆）科学城、重庆两江协同创新区为载体，积极争取在重庆布局绿色低碳领域国家重点实验室、技术创新中心、工程研究中心。二是建设绿色低碳产业创新基地。支持行业优势龙头企业主导建设绿色低碳研发中心和创新平台，激发高校、科研院所绿色低碳技术创新活力，面向新兴领域形成一批拥有自主知识产权和专业化服务能力的产业创新基地。三是优化可再生能源利益模式。加快推进“百万千瓦屋顶光伏”工程，落实公共机构建筑、新建厂房屋顶光伏项目投资，有序推进市内工业企业、园区发展分布式新能源，在具备条件的农村地区推行“光伏富裕”工程和“千乡万村驭风行动”，鼓励光伏发电、风电就近消纳。

强化碳减排技术基础研究及关键核心技术攻关。一是强化关键核心技术攻关。围绕钢铁、有色金属、建材、化工、消费品、装备制造、电子等产业低碳转型要求，以“低碳”“零碳”工业流程重塑、低碳技术集成与优化、生产性服务业技术等为重点，加快对清洁生产技术、低碳产品研发设计、绿色供应链构建、绿色制造工艺、资源化与再制造等关键核心技术攻关，构建“绿色设计+”“清洁生产+”“智慧管控+”等技术包。二是强化碳减排技术基础研究。积极开展“减碳去碳”基础零部件、关键基础材料、基础工艺研究，加快高效储能、能源电子、氢能、温和条件二氧化碳资源化利用等关键技术基础性研究。把握碳中和技术需求和难点，聚焦超导新材料、绿色制氢、碳捕集利用与封存（CCUS）、智能生物制造和生物修复等前沿技术领域，加大技术储备。

强化碳减排技术示范应用推广。一是推动碳减排技术成果转移转化。建设清洁生产等领域产业技术协同创新联盟，打通政产学研用环节，加快绿色技术转移转化。推动绿色低碳技术产学研结合，推动冶金、建材、化工等行业的碳捕集、碳封存等技术成果的转移转化。二是促进绿色低碳新技术、新工艺、新设备、新材料在制造业各行业的应用推广。探索绿色低碳技术推广新机制，搭建绿色低碳技术供需对接平台，推广应用绿色低碳新技术、新工艺、新设备、新材料。按照国家工业重大低碳技术目录，聚焦水泥、钢铁、化工、电解铝等重点行业，加快在低碳原料替代、短流程制造等关键技术领域，推进生产制造工艺革新和设备改造，减少高耗能行业工业过程中的温室气体排放。

五、强化能源绿色转型支撑

大力推动大数据碳减排及应用，培育和发展碳金融，推动市场化碳减排，增强能源绿色转型支撑。

强化大数据碳减排应用。一是强化数字化碳管理。统筹绿色低碳数据和工业大数据资源，鼓励企业基于能源管控系统探索实施数字化碳管理，协同推进用能数据与碳排放数据的收集、分析和管理，逐步完成对重点用能企业碳排放监测评价、重点产品全生命周期碳排放数据监测、重点用能设备在线监测等领域能碳监测全覆盖。二是提升碳减排数据价值。运用大数据手段完善碳减排核查管理等手段。在碳减排、碳核查管理、碳交易等多方面积极运用大数据技术，创造碳减排数据价值。

培育发展碳金融。一是加快建立碳基金。集合金融机构、龙头企业和社会资本成立专门的碳基金，用于推动低碳技术研究、开发和商业化。二是加强碳交易产品创新。借鉴国际成熟碳金融市场的发展经验，在拓展基于现货交易的碳金融工具的同时，适时推出碳期货、碳期权等交易并建立配套风险防控机制，借助衍生品市场提升市场流动性和碳价发现功能。三是发展碳市场融资工具。探索开展碳质押、碳回购、碳托管、借碳交易等融资工具，适时推出碳指数交易产品、碳债券等产品，进一步丰富和完善碳金融市场产品体系。四是提升碳交易市场功能和水平。优化碳排放权交易市场，加快探索建设“立足重庆、服务西部”的西部绿色交易所。

推动市场化碳减排改革。一是推动能源领域市场化改革。推进电力市场化改革，加快培育发展配售电环节独立市场主体，扩大电力市场化交易规模。完善和推广绿色电力证书交易，提升可再生能源消纳能力。推进油气等领域市场化改革，推动重庆天然气交易中心建设全国性天然气中心市场。二是深化碳市场改革。积极融入全国统一的碳排放权交易市场，优化地方碳排放权交易市场。健全碳资产管理机制，探索建设“碳账户”，联动碳履约、碳中和、碳普惠体系，发展面向制造业企业的核证自愿减排市场。统筹推进碳排放权、用能权、排污权、用水权等环境权益类市场和平台建设，加快组建重庆绿色交易中心，不断健全市场交易机制。争取参与全国用能权交易市场建设。三是将碳减排纳入社会信用管理。探索建立企业碳账户和碳信用报告制度，将企业碳减排、碳减排履约等方面情况纳入企业信用记录，作为企业贷款等方面的依据。

六、深化重点领域能源改革

健全完善能源政策体系，深化重点领域和关键环节市场化改革，破除妨碍发展的体制机制障碍，提高能源配置效率和公平性，为推进能源高质量发展提供制度保障。

大力推动电力油气体制改革。一是推动电力体制改革。按照“准确核定成本、科学确定利润、严格进行监管”的思路，以成本监审为基础，以科学定价机制为支柱，稳步推进电力定价改革，建立健全以“准许成本+

合理收益”为核心的约束与激励相结合的电力行业定价制度。建立市场化电力电量平衡机制，放开发用电计划。推进电力辅助服务市场化，推动储能、调峰作为独立主体参与电力辅助服务市场。建立可再生能源电力消纳保障制度。健全分布式电源发电新机制，推动电网公平接入。推进新能源“隔墙售电”就近交易，积极探索分布式发电市场化交易，逐步规范交易流程，扩大交易规模。健全调峰补偿机制，探索容量电价，合理疏导应急备用及调峰电源建设成本。二是推动油气体制改革。鼓励引导各类资本进入上游勘探开发市场，支持页岩气矿权流转，全面实施区块竞争性出让，激发页岩气勘察开采的市场活力。完善天然气（页岩气）利益共享机制，推动与央企合资合作。规范天然气管网建设和运营，整治和清理违法项目和“背靠背”不合理加价行为。全面落实油气管道等基础设施向第三方公平开放，研究天然气管网设施托运商制度，探索建立管网运行统一调度机制，推动“多气源”供气。推动储气设施独立运行，建立储气库气量和储气服务市场化交易机制。

持续深化能源价格改革。一是稳妥推进交叉补贴改革。按照“管住中间、放开两头”改革总体思路，推进电力、天然气等能源价格改革。稳妥推进电力、天然气价格交叉补贴改革。深化输配电价改革，有序放开竞争性环节电价，加强对市场价格的事中事后监管，规范价格行为。二是优化峰谷电价政策。引导电力需求侧管理，争取到 2025 年需求侧响应能力达到最大用电负荷的 3%。按照“准许成本加合理收益”原则，合理制定天然气管网输配价格。完成天然气管网输配价格管理和成本监审，合理制定天然气管道运输价格。建立健全天然气上下游价格传导机制，推进非居民用气价格市场化。

大力推动能源要素市场建设。一是扩大天然气市场交易规模。充分发挥重庆石油天然气交易中心作用，推动逐步形成反映全国市场供需、具有国际影响力的天然气价格基准。支持开展天然气、成品油及其他化工品等产品交易，完善交易功能，创新交易模式，扩大交易规模。开展本地页岩气、储气服务、调峰气上线交易，率先在全国建立储气库价格基准。二是推进电力交易市场发展。有序推进电力交易中心独立规范运行，扎实做好股权优化调整。扩大参与电力市场用户范围，推进各类市场主体公平参与市场交易。推进电力现货市场建设研究，统筹协调电力辅助服务市场与现货市场。深化电力中长期交易机制，修订交易规则，增加市场主体，丰富交易品种，优化交易流程，提高交易频次。深化探索能源综合成本合理控制机制和油气体制改革，逐步完善绿电交易规则，持续推动油气资源统筹利用和天然气管道第三方公平开放，高质量建设重庆石油天然气交易中心，力争年内形成一批实质性成果。

加快提升能源综合治理能力。一是持续优化能源营商环境。推进能源行业信用体系建设，探索构建以信用为基础的新型能源监管机制，严肃查处违法违规行为，有效维护市场秩序。加强能源行业监管和服务，深化“放管服”改革，实行“阳光审批”，强化规划和政策引导。对标国际先进水平，进一步缩短企业获得电力时间，稳定用能供给，降低用能成本。二是加强标准化建设。围绕能源转型变革需求，聚焦关键技术标准，强化标准制修订及实施，研究组建页岩气、电力气象应用、综合能源服务等领域标准化技术组织。研究推动标准化信息管理平台建设，着力提升标准化工作质量和效率。三是加强能源行业监管。加快能源大数据中心建设，持续加强能源供需形势分析和研判。有效开展能源开发建设、市场交易、价格成本、油气管网设施公平开放及能源消费等环节的监管工作。加强对接国家能源规划、政策、重大项目，加大对电力市场准入、电力调度、市场交易、价格成本、油气管网设施公平开放的监管力度。进一步理顺能源监管职责，完善协调机制，建立健全权责清晰的现代能源监管体系。

下 篇

重庆能源可持续发展指数报告

（2024）

第一章　构建重庆能源可持续发展指数的意义

一、提升能源安全保障能力是现代化新重庆建设的重要内容

（一）能源保供事关重庆经济社会发展全局

能源资源安全是国家安全的重要组成部分，能源安全是关系一个国家或地区经济社会发展的全局性、战略性问题，抓住能源安全就抓住了国家发展和国家安全的“牛鼻子”。一是能源已经成为一种战略资源。能源资源涵盖煤炭、电力、石油、天然气等多个领域，已成为大国博弈的重要战略资源。当前国际形势复杂严峻，地缘政治风险、极端天气风险等影响能源安全稳定供应的因素日益增多，构筑稳定的能源保供体系显得尤为重要。二是能源是推进中国式现代化的重要物质基础。夯实能源供应保障基础，需要不立不破，要在“既保障经济社会发展，又促进可再生能源快速增长和大规模应用”的能源本质安全基础上，保障能源安全稳定供应，保民生、保发展。三是我国经济发展阶段决定对能源需求旺盛。目前，我国仍处于工业化城镇化加速发展阶段，经济社会发展的能源需求仍将保持持续增长。从生产来看，我国是世界第一制造业大国，实体经济发展对能源的需求仍比较旺盛。但同时，石油等能源大宗商品对外依存度在70%以上，要把能源的饭碗端在自己手里，就必须高度重视能源保供安全。

对于重庆来说，重庆能源具有“贫煤少水，风光稀缺，富气无油”的特征，资源禀赋不足，属于一次能源匮乏地区，是能源净输入地区，每年所需的5000余万吨煤炭、1000余万吨成品油全部从市外调入。当前，重

庆处于城市化工业化快速发展时期，能源消费总量必然持续增长，能源供给缺口逐渐扩大。目前，重庆的电力需求80%来自市内火力发电，鉴于国家已明确严控新上火电项目，未来重庆新增用能需求将主要依靠市外购电，预计重庆的电力对外依存度将由目前的30%上升到60%~70%，但市外购电的来源、结构和通道都不完全在重庆的掌控之中，目前存在省际输电、运煤通道不足，能源储备发展不足、调峰能力有限、外购绿电难度大等现实问题。为此，需要对重庆能源供给安全提供实时监测、重点跟踪，以便为和平时期经济社会发展的能源需求做出科学应对策略。

（二）能源高质量发展是重庆服务国家战略的重要支撑

高质量发展是全面建设社会主义现代化国家的首要任务，能源作为我国经济社会发展的重要保障，也必须加快实现高质量发展，支撑国家战略实施。一是“四个革命、一个合作”的能源安全新战略为推动能源高质量发展和高水平安全提供了根本遵循。能源高质量发展是中国能源安全战略的核心部分。2014年6月，习近平总书记提出“四个革命、一个合作”能源安全新战略，即要求推进能源消费革命、能源供给革命、能源技术革命、能源体制革命以及全方位加强能源国际合作，为我国统筹能源高质量发展和高水平安全提供了根本遵循。党的二十大作出“以新安全格局保障新发展格局”的重大部署，对推进国家安全体系和能力现代化提出了新的更高要求。二是我国能源高质量发展取得的历史性成就为推动实现经济社会高质量发展提供重要支撑。10年来，我国非化石能源实现跨越式发展，非化石能源发电新增装机容量超过全球的50%，新能源发展成就举世瞩目，水电、风电、光伏、在建核电装机规模稳居世界第一。传统能源产业加快绿色转型，终端用能清洁化水平大幅提升，能源技术创新深入实施，光电转换效率、超深水大气田、特高压输电等技术水平不断刷新纪录。三是具有战略地位的能源匮乏地区推进能源高质量发展尤为重要。我国一次能源资源分布不均衡，80%以上的煤炭资源和水能资源分别集中在山西、内蒙古、新疆等北部省份和西藏、四川、云南等西部地区，东中部地区能源资源比较匮乏。广东、浙江等能源消费大省、能源资源小省一直在探索破解传统能源依赖、转型发展新兴能源，推进煤、油、气、核、新能源等多轮驱动的能源供给体系。

对于重庆来说，重庆位居我国地理版图“几何中心”，历史上曾是战略大后方，是新时期国家战略腹地的重要承载区，在国家发展大局中具有独特而重要的战略地位。但是，重庆能源发展面临消费结构长期以煤炭为主、能源供给保障困难、非化石能源开发潜力有限、能源科技创新引领作用不足等难点问题，在应急应战时期容易因为能源安全问题难以发挥战略大后方的作用。为此，需要学习借鉴东部发达省份的成果、经验，全方位促进重庆能源实现高质量发展，增强服务国家安全的能力。

（三）能源绿色低碳发展是重庆“双碳”目标实现的根本保障

实现碳达峰碳中和是党中央的重大战略决策，也是一场广泛而深刻的经济社会系统性变革，必将深刻影响全球能源供需格局。碳达峰碳中和目标要求我国能源发展必须走资源节约、绿色发展之路，加快实现绿色低碳转型。一是绿色低碳已成为能源发展主旋律。碳排放主要源自以化石能源为主的能源消费，推进传统能源绿色转型促进碳排放下降是重要抓手。能源转型重点是推动化石能源消费减量替代和可再生能源替代，包括继续推进煤电节能降碳改造、灵活性改造、供热改造，达到尽可能碳减排的目的。二是推进节能降碳是能源绿色低碳转型发展的重中之重。2013—2023年，我国能耗强度累计下降 26.1%，是全球能耗强度降低最快的国家之一，但是我国传统高耗能高排放产业比重较大的结构性转型压力尚未根本缓解。必须坚决遏制盲目建设“两高一低”项目，大力发展循环经济，推广节能装备和产品，加强节能管理，发展节能服务，降低资源消耗，最终实现能源转型发展。三是新能源战略价值日益凸显。技术进步推动新能源跃升发展，近 5 年可再生能源提供了全球新增发电量的 60%左右。同时，据国际能源署数据预测①，未来 5 年全球可再生能源装机容量继续保持快速增长，新型储能市场将继续快速发展。为此，各国纷纷加大投入，新能源相关产业的主导权之争日趋激烈，新能源的战略地位正越来越重要。

对于重庆来说，重庆能源消费碳排放约占全市碳排放总量的 80%。其中，工业、发电、交通运输三大领域能源消费碳排放分别占全市排放总量的 38%、20%、15%。市委、市政府出台的《关于完整准确全面贯彻新发展理念做好碳达峰碳中和工作的实施意见》提出，重庆 2030 年、2060 年能源消费结构目标为非化石能源消费比重分别在 28%、80% 以上。近年来，重庆非化石能源消费占比在 24% 以下，应着重优化能源消费结构，大力提高非化石能源消费比重，促进能源绿色低碳转型发展。为此，应当抓住能源低碳转型的重要窗口以及能源技术的创新升级机遇，加快能源通道建设，大力发展清洁能源和新型储能，提高能源利用效率，加快构建清洁低碳安全高效的现代能源体系。

二、重庆能源可持续发展指数能够有力指导重庆能源高质量发展

重庆能源可持续发展指数是对重庆能源安全、高质量发展、低碳转型的具体量化，可实现度量、监测等功能，具有重要的战略意义。

（一）有利于重庆贯彻落实国家碳达峰碳中和目标

能源活动相关的二氧化碳排放是重庆碳排放的主体。构建重庆能源可持续发展指数可以为重庆能源保障和碳减排双重目标提供定量数据支持。一是可以表征重庆的能耗“双控”状态。碳达峰碳中和目标需要同步降低能耗强度和单位能耗碳排放强度。虽然重庆连续多年超额完成国家能耗“双控”考核目标，但在能耗“双控”潜力提前释放前提下，未来要完成国家下达的能耗双控下降幅度目标和碳排放强度下降幅度目标难度加大。要实现“双碳”目标，更需要主动作为，持续定量跟踪把握全市的能源结

① 数据来源：IEA《2023 年可再生能源》年度市场报告、《电力年中更新》（2024）。

构、效率、新能源开发利用等指标，完善有利于绿色低碳发展的财政、税收、金融、土地等政策，强化能源“双控”制度实施。二是可以反映碳排放水平。在国家《关于推动能耗双控逐步转向碳排放双控的意见》等能源领域文件指引下，我国新能源丰富地区发展打开了市场空间，同时为碳监测碳核算服务行业带来了发展机遇。对应国家要求，结合重庆一次能源资源储量相对不足的具体情况，需要科学预测全市经济社会发展所需能源消费总量及结构，制定自然达峰条件或强约束达峰条件等适合重庆市实际的碳达峰政策，以服务国家“双碳”目标大局。三是科学推进落实国家碳达峰碳中和决策部署。我国从中央到地方已经在积极稳妥推进碳达峰碳中和政策文件的制定及落实。重庆如何立足自身实际，主动选择适合的路径，有序落实国家关于碳达峰碳中和决策部署，并在推进“双碳”目标的过程中实现经济转型升级和高质量发展，需要参考能源和“双碳”的量化指标变化情况，相应做出科学决策。因此，编制重庆能源可持续发展指数对保障经济高质量发展、推进现代化新重庆建设具有重要意义。

（二）有利于重庆加快构建清洁低碳、安全高效的能源体系

重庆本地煤矿已全部关闭，煤炭、成品油需求全部从市外调入，而天然气主要由国家调度，重庆没有自主分配权，未来全市新增用能将主要依靠市外购入，重庆能源紧平衡状态将长期存在。为满足重庆推进现代化建设，需要构建清洁低碳、安全高效的能源体系，编制能源可持续发展指数，定量表征全市能源体系变化。一是助力能源消费节约高效。在重庆能源安全保障、能源低碳转型进入关键攻坚期时，可以监测能源利用效率、碳减排，促进能源的节约高效利用。二是助力能源结构优化。可适时监测表征能源生产结构、消费结构、效率提升、新能源开发成效等情况，为加快构建以清洁电力为支撑的多元能源供应体系服务，引导逐步形成以非化石能源为主导的低碳能源消费结构。三是助力能源领域节能降碳。全市六大高耗能产业包括煤电、钢铁、建材、有色、化工等，能耗约占规上企业总能耗的 84. 5%。通过构建重庆能源可持续发展指数，可以监测能源行业

节能降碳变化，有利于促进燃煤发电机组清洁高效利用、超低排放改造和节煤降耗改造，以及余热余能运用。

（三）有利于推进重庆在长江经济带绿色发展中发挥示范作用

重庆作为长江上游地区重要的生态屏障，要实现习近平总书记对重庆“在推进长江经济带绿色发展中发挥示范作用”指示要求，需要推进能源产业加快实现绿色低碳高质量发展。编制能源可持续发展指数，可以更好地监测能源带来的环境影响变化情况，以便采取相应举措推动重庆加快实现绿色发展。一是可以促进绿色生产方式加快转变。指数通过衡量反映低碳生产的综合性指标，可以更好地监测产业能耗强度降低程度；在着力优化能源结构，推进制造业产值能耗、建筑业用能下降，全面推进资源能源节约集约循环利用过程中，便于采取相应举措，更好地促进生产过程加快绿色低碳循环转型。二是可以促进绿色生活方式加快形成。指数可以通过部分定量指标衡量城市居民绿色生活方式、绿色消费水平，有利于促进全市加快开展垃圾分类和无废城市试点建设，推动西部（重庆）科学城等重点区域打造绿色低碳综合示范区、零碳低碳示范区、低碳社区，最终在社会生产生活各类组成单元进一步推广绿色生产生活方式。三是可以推进绿色发展生态空间加快构建。指数可以衡量重庆环境发展的可持续性和绿色承载力，监测环境变化程度，有助于全市强化生态环境治理措施，加强生态保护与修复，进一步筑牢长江上游重要生态屏障。

（四）有利于构建培育新质生产力的绿色发展动力

习近平总书记指出新质生产力本身就是绿色生产力。新能源特别是绿色能源的加快发展，对于形成绿色新质生产力至关重要。编制重庆能源可持续发展指数，有助于挖掘全市新能源发展潜力，增强绿色能源对新质生产力发展的支撑能力。一是可以加速能源领域的绿色数字技术应用，赋能新质生产力培育。在我国新型能源体系逐渐建成，新型储能、氢能等产业进入规模化发展背景下，重庆应当将未来能源、新能源作为能源领域培育新质生产力的重点领域。在推进数字重庆建设的同时，结合重庆能源可持续发展指数的定量分析，通过电子政务平台的智能化改造升级，增加绿色环保、绿色能源等方面的政府治理的透明度，可以提高全社会的绿色发展氛围。同时，有助于全市加强以绿色数字创新技术提升清洁能源开发利用效率，支持清洁能源推广应用，助力新能源产业高质量发展。二是可以构建、培育与新质生产力相适应的能源高质量发展体制机制。推进能源高质量发展，需要建立完善能源安全生产和投资、创新发展等相关体制机制，增强科技金融保障能力。编制重庆能源可持续发展指数，可以监测绿色创新技术研发投入、创新主体发展、创新成果产出，投资的稳定增长能力变化，以便适时出台相应举措，激发绿色发展体制机制活力，助力新质生产力发展。三是可以推动能源的经济性与替代性协同发展。从能源供给渠道看，不同发电形式的间歇性、波动性、选址难度、技术成熟度等技术指标不同，建设成本、度电成本、上网电价、投资回收期等经济指标也有差异。一个地区在保障经济增长的同时，选择合理的能源消费结构，达到能源的合理经济性至关重要。编制重庆能源可持续发展指数，可以监测不同能源终端消费价格变化，以及新能源与化石能源、购买与自身发电等能源消费结构，分析能源发展的经济性，有助于监测全市经济发展的要素成本变化，达到降本增效目标。

第二章　理论与政策综述

1992年科学出版社出版的《能源百科全书》将能源定义为："以直接或经转换间接提供人类所需的光、热、动力等任何一种形式能量的载能体资源。"结合本研究的主题，重点梳理了能源安全、能源转型、能源环境、能源可持续发展的相关理论及研究，以及能源发展的相关指数研究。

一、能源发展相关理论综述

（一）能源安全相关理论研究综述

能源作为人类社会发展的动力之一，能源安全的思想萌发较早，且关系到人类生产生活、国家政权稳定的重大问题，具有重要意义。在世界范围内，普遍达成了"实现能源安全是世界各国实现经济发展、社会稳定、国家安全、增进人民民生福祉的重要基础"的共识。

能源安全内涵。国际相关机构和较多学者对能源安全的内涵进行了广泛的讨论。20世纪70年代第一次石油危机时，主要石油输出国产量骤减，全球石油价格暴涨，石油消费国的进口量大幅减少，经济受到重创，石油安全供应保障引起了广泛关注，世界范围内具有共识性、通行性的能源安全概念由此诞生。早期的学者认为能源安全的核心问题是"某一类能源品种的安全，比较关注的是煤炭安全和石油安全"。随着全球能源结构的转变和能源市场的不断变化，特别是当今国际能源安全面临复杂形势，气候变化、地区危机、单边限制措施等因素对国际能源供需平衡造成严重冲击，能源安全概念的深度和广度均发生了明显变化。目前，能源安全是指

"在经济发展的某一阶段内，一个国家或地区在合理、经济、可持续的条件下，获得保障国民经济发展和人民生活所需的能源供给，避免因能源短缺、价格上涨或供应中断等原因引发的经济和社会问题"。综合这些学者和机构的意见，狭义的能源安全是指某一特定区域内能源生产、能源进口，配以可靠的能源基础设施，满足当下与未来该区域能源需求。广义的能源安全则包括能源供需安全、能源经济安全、能源环境安全，即能源可持续发展。

能源安全理论分类。能源安全理论和能源安全内涵是密切相关的，随着能源安全内涵的不断扩展，能源安全理论研究的方向不断发生变化。基于国家不同立场，可以分为进口国能源安全和出口国能源安全。基于能源安全与国家安全的关系，可以分为能源经济安全（供给安全）和能源生态环境安全（使用安全），能源供给安全是"量"的概念，在一定的时间段受一定的技术经济水平限制，是国家能源安全的基本目标；能源使用安全是"质"的概念，本质上是能源的可持续发展，也是国家能源安全的高层次目标。

机构、学者关于能源安全相关研究。检索中国知网（CNKI）中国期刊全文数据库中的核心期刊，截至 2023 年底，篇名中包含"能源安全"字样的共有文献 328 篇，其研究内容（或领域）主要集中在能源安全理论及概念探讨、能源安全现状及问题揭示、能源安全影响因素分析、能源安全定量评价和能源安全战略研究 5 个方面。其中关于能源安全战略研究占比最大，接近 60%，能源安全影响因素分析和能源安全定量评价与"能源安全指数密切相关"。虽然国内外学者对能源安全进行了众多研究，但国家（政策）层面的研究更具有代表性。能源领域最具有影响力的国际组织——国际能源署（IEA）成立的目的就是应对石油危机，保障成员国能源安全。美国作为全球最大的能源消费国，一直以来都十分关注本国的能源安全问题，特别是 20 世纪 70 年代，这一时期由于受到两次石油危机和石油对外依存度不断升高的双重影响，美国政府形成了以能源安全为主的能源政策。能源安全也是欧盟各国能源战略的核心内容，欧盟将能源战略与其他战略相结合，2000 年以前更为关注能源供应并减轻进口能源依赖，后期更加注重能源低碳发展。早在 20 世纪 90 年代初，中国原国家能源部开展了“中国能源战略研究 2000—2050”项目，指出“坚持保障供应，效率优先……”，将能源保障放在了首位。2014 年国务院发展研究中心与国家开发银行组织壳牌公司、哈佛大学、清华大学等中外多家机构的 70 余位专家，开展了“中国中长期能源发展战略研究”项目，重点对全球和中国能源的供求形势，未来中国能源发展的目标、原则和战略途径等进行研究。随后国家发展改革委也组织开展了一系列能源战略研究。

（二）能源转型相关理论研究综述

全球能源转型相关研究是全球能源战略调整过程中产生的理论。在世界范围内，能源转型主要经历了从被动到主动的过程。“被动”是因为世界范围内的能源转型思考是源于能源问题，“主动”是指随着可持续发展思想的深入，世界各国开始积极探索低碳、高效能源的替代转型。

能源转型内涵。“能源转型”一词最早来源于德国应用生态学研究所出版的《能源转型：没有石油与铀的增长与繁荣》（1982 年）一书。此后，一些学者开始研究能源转型的概念及内涵，并形成了一系列的能源发展理论，很多国家逐渐达成了能源转型共识。学术界普遍认为能源转型应该包括“能源主导地位的转变”和“能源系统的转变”两个层次。前者是指一种能源取代了另外一种能源在能源消费结构中的主导地位，也就是主导能源类别的调整。后者是指随主导能源类别调整而来的相应的技术更新换代、产业结构调整、社会体制变革等。

能源转型理论分类。总的来说，能源转型理论和能源转型内涵是密切相关的，根据能源转型内涵的层次，能源转型理论主要涉及能源资源配置相关理论（资源禀赋理论、资源配置理论）、能源效率相关理论（能源效率的测度理论、能源效率影响因素理论）等。

专栏 2-1 能源转型相关理论

一、能源资源配置相关理论

1. 资源禀赋理论

资源禀赋理论主要产生于相关学者的经济研究过程中。公元前 4 世纪，利巴涅利及其追随者提出了资源禀赋理论的雏形，认为产品的产生会受到生产地的位置影响而出现较大的差异。17 世纪，亚当·斯密提出绝对优势理论，认为贸易的产生是由于地区间产品生产存在绝对优势，国家通过大力出售本国“绝对优势”产品来换取“绝对劣势”产品以实现资源有效利用，达到国家之间的资源利用平衡。1817 年，大卫·李嘉图在《政治经济学及赋税原理》中提出了比较优势理论。20 世纪初，赫克歇尔和俄林两位瑞典经济学家通过深入研究要素禀赋理论，提出了新古典贸易理论，认为相对要素禀赋差异可以带来全球性的贸易往来以及更加细致的国际分工。

2. 资源配置理论

传统资源配置理论。传统的资源配置思想是基于财富的配置，围绕“生产、分配、流通、消费”四个环节的物质资源配置。亚当·斯密《国富论》提到依靠市场这只“看不见的手”就完全可以优化财富配置。大卫·李嘉图《赋税论》提到财富在资本家、地主、工人之间分配，必须维护资本家的利益。萨伊《政治经济学概论》认为财富的基础是效用，效用是劳动、资本、土地三者的作用与协力，因此三大阶级应和谐相处。

现代资源配置理论。马克思主义经济学认为资源配置反映为在特定的条件下，社会劳动按照一定比例对社会劳动成果进行分配。现代西方经济学研究重点转变为稀缺资源的最优配置，认为生产环节的资源稀缺性和消费环节的需求无限性，决定了需要最优或有效地配置资源。

二、能源效率相关理论

1. 能源效率的测度理论

从经济学角度出发，主要用能源的经济效率、能源物理效率两个指标去测度，即对特定投入要素（如能源、资金、劳动等）能够使得社会经济增长并在特定环境下所取得的持续积极作用程度高低的比较评价。根据投入指标的差异，可以将能源效率划分为单要素能源效率和全要素能源效率。

2. 能源效率影响因素理论

影响能源效率的因素之间存在相互作用，且具有多样性。从20世纪70年代开始，就已经有大量的学者开始了对于能源效率的影响因素的研究。学术界普遍认为影响因素有以下六大类：一是经济发展；二是产业结构变化；三是科技发展与技术进步；四是市场开放程度；五是城镇化水平；六是能源结构。

机构、学者关于能源转型相关研究。基于中国知网中国期刊全文数据库，检索篇名中含有“能源转型”的核心期刊，截至2023年底，共有523篇文献。中国能源转型的研究领域和内容集中在3个方面：能源转型理论及概念探讨、能源转型（能源效率角度）、能源转型（能源配置角度）。国内外关于能源转型的研究早期主要是围绕能源效率提升，后期更加关注环境影响。一是能源效率相关研究。世界能源委员会（1995）将能源效率定义为“减少提供同等能源服务的能源投入”。Patterson（1996）、Bosseboeuf等（1997）、Phylipsen等（1998）在前人研究的基础上，提出应该从经济和技术角度对能源效率进行定义和评价指标分类，并提出了相关指标体系。王庆一（2001）从物理能源效率和经济能源效率两个角度构建了衡量能源效率的指标体系。魏一鸣和廖华（2010）在总结和剖析已有能源效率测度指标的基础上，将能源效率划分为七大类指标。二是能源配置相关研究。相关学者普遍认为，最早从经济学角度分析能源配置的专著是英国经济学家威廉·斯坦利·杰文斯的《煤炭问题》（1865年），认为各种替代能源之间具有非对称性的特点，经济增长与能源消费之间存在依存关系。《增长的极限》（1972 年）的发布，让学者们将能源作为经济发展模型中的重要因素之一，开展了能源替代等配置研究。同时很多学者从保护环境角度去研究，如 Jacobsson 等（2006）从公民社会的角度分析了环境保护对德国能源转型的推动作用。自中国第一份能源白皮书《中国的能源状况与政策》（2007 年）发布以来，中国开启了能源转型之路，但关于能源转型的研究起步要更早一些。张冀强等（1998）、宋家树（1999）、李嘉等（2006）对我国能源结构存在的问题进行了相关研究，并提出了调整能源结构的相关建议。赵柳榕等（2008）、林伯强等（2009）通过 Logistic 模型、协整模型等对我国能源结构进行预测并提出相关建议。

（三）能源环境相关理论研究综述

能源—经济—环境系统均衡研究是能源经济学研究的核心。经济活动是将资本、劳动和自然资源等投入转化为产出的过程，环境为经济活动提供了最基础的条件。在能源经济活动中，石油、煤等不可再生的化石燃料是一种自然资源，地球上的生物需要依靠环境（空气和水等）来维持生命，而能源经济活动（生产和消费）中产生大量的废物将会影响环境，研究能源环境对社会经济发展具有重要意义。

能源环境思想变迁及研究内容。工业革命之前，由于社会生产力较低，能源使用总量相对较少，能源利用对环境的负面影响较小。工业革命以后，能源消费对环境问题影响日益加剧，各国研究人员将经济学理论与之结合，以能源—经济、环境—经济为研究对象的二元系统研究理论体系逐渐形成。随着可持续发展理论的提出，各国研究人员又构建了能源（Energy）—经济（Economy）—环境（Environment）3E 系统的研究框架体系，分析 3E 协调发展规律与内在联系。早期研究者重点关注的是能源使用过程中产生的二氧化硫、氮氧化物、颗粒物等污染物。由于能源是经济发展的重要资源要素，人类活动需要消耗能源，能源的消耗会产生一定量的碳排放，从而导致全球变暖。随着各界对应对气候变化的关注度不断提升，能源消费与碳排放之间的关系成为研究热点。相关研究表明，伴随城市化进程和人民生活水平的提高，碳排放的增长点从生产端转移到消费端，交通、服务业和居民生活的能耗保持了相当长时期的持续增长。碳排放与能源消费量和能源结构相关，但由于能源结构“低碳化”和减碳技术进步，经济社会发展一定会带来能源消费量的增长，但并不一定会带来碳排放量的增长。因此，碳排放达到峰值并不必然要求能源消费达到峰值。

机构、学者关于能源环境的相关研究。基于中国知网中国期刊全文数据库，检索篇名中含有“能源环境”的核心期刊，截至 2023 年底，共有 328 篇文献，研究领域和内容集中在 4 个方面：经济发展与环境污染之间的关系，经济发展与能源消费之间的关系，经济发展、能源消费、环境污染三者之间的关系，能源环境定量评价。一是经济发展—环境污染的关系研究。最为著名的是环境 Kuznets 曲线，该理论认为经济发展与环境污染情况同样可以用库兹涅茨曲线来解释，即随着一个地区或国家经济的发展，该地区或国家环境污染将呈现出先增长后降低的情况。二是经济发展—能源消费的关系研究。国内外相关研究形成了较为统一的观点，即经济发展与能源消费之间是相互影响的，认为经济增长需要越来越多的能源消费；同样，经济增长会带来技术创新，技术进步可以提高能源的使用效率。三是经济发展—能源消费—环境污染三者之间的动态关系研究。随着近年来“双碳”目标的提出，关于能源转型与“双碳”之间关系的研究也日趋增多，并形成了“双碳”能源发展评价指数。

专栏 2-2　环境 Kuznets 曲线理论

环境库兹涅茨曲线理论。库兹涅茨曲线最开始是用来分析人均收入水平与分配公平程度之间关系的一种经验性假说。环境库兹涅茨曲线揭示出生态环境污染程度随着经济增长先升后降，呈现倒 U 形曲线关系，即在经济发展水平较低时，环境污染的程度随着人均收入的增加而增加；在经济发展达到一定水平后（临界点或者“拐点”），环境污染的程度随着人均收入的增加而减轻。该理论在世界范围内也得到了广泛论证，多数国家在经济起飞时，经济发展往往以牺牲生态环境为代价，生态环境逐步恶化，但以后会逐渐减轻。但部分学者运用动态时间序列数据重新检测了收入水平和排放水平的因果关系走向，得出环境 Kuznets 曲线的假设并不适用于所有的国家和地区。但总的来说，环境 Kuznets 曲线是符合绝大多数国家和地区的情况的。

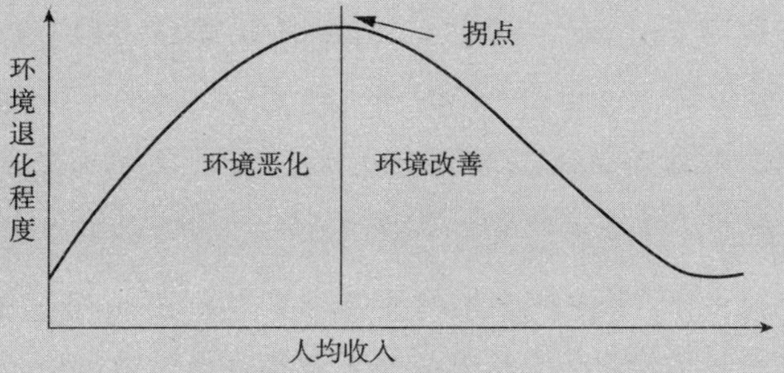

专栏图 2-1　环境库兹涅茨曲线

专栏 2-3　经济发展与能源消费之间关系研究情况

国外相关研究。为解释经济发展与能源消费之间的量化关系，Kraft J 和 Kraft A 等学者应用 Granger 因果关系检验、协整模型等方法对经济发展与能源消费之间的关系进行了实证研究，并得出一般性的结论：能源消费与经济发展存在显著的相关性。

国内相关研究。万浪（1984）在总结新中国成立以来我国能源经济发展规律的基础上，认为由原来的传统生物燃料向化石燃料过渡等能源结构调整，对我国经济发展起到了推动作用。21 世纪以来，刘星（2006）、黄敏和赫英（2006）、刘成杰和张桂香（2006）、王火根和沈利生（2007）、刘凤朝等（2007）等学者用 Granger 因果关系检验、回归模型、生产函数等模型和方法研究中国经济增长和能源消费之间的关系，研究表明：中国的能源消费与经济增长存在长期均衡关系，经济增长将促进能源消费的增长；反过来，能源也是制约经济增长的重要因素。学者们还从多个角度分析了中国能源消费增长的原因，提出了解决经济发展过程中的能源约束问题的对策建议。

专栏 2-4　经济发展—能源消费—环境污染的研究

国外相关研究。Ang（2007）、Soytas 等（2007）最早将能源、环境和经济三者结合起来进行研究。后来，学者分别应用不同国家和地区的数据对能源、环境、经济三者之间关系进行了实证研究。Tsai 和 Pao（2010）将金砖四国（俄罗斯、中国、巴西、印度）作为一个整体，对能源消费、产出与环境污染之间的动态因果关系进行了研究；2011 年又进一步应用面板数据和协整模型检测了金砖四国能源增长与环境污染之间的关系。还有一些学者应用投入产出方法、过程方法或混合方法来分析特定部门或整个经济的能源消费问题。

国内相关研究。我国关于能源、环境、经济三者之间关系的研究始于 20 世纪 90 年代。张志良（1990）研究了甘肃省人口增长对能源和环境造成的压力问题。雷明（1998）应用投入产出理论，建立了能源—资源—经济—环境综合投入产出表，并预测了中国 1992—2020 年的能源经济环境状况。魏一鸣等（2005）在总结国际上已有的能源经济模型、比较各种模型的优缺点的基础上提出了建立能源—经济—环境复杂系统模型的重要性。杜慧滨和顾培亮（2005）首次引入“3E”（Energy-Environment-Economy）复杂系统模型，随后有关能源—经济—环境（3E）复杂系统的研究越来越多，其中，张阿玲和李继峰（2007）构建了清华能源—经济—环境混合评价模型（TH-3EM），该模型已被用于对中国节能战略选择问题进行分析和研究。

专栏 2-5　能源碳排放与经济发展的关系研究

近年来，全球气候变暖导致的极端气候对世界多国造成了巨大影响。截至目前，在世界范围内，经济高速发展都是用高能源消耗和高环境污染换来的，随着工业化城镇化加速推进，能源消费快速增加，碳排放量呈现持续快速上升趋势。如何在不影响经济增长速度及质量的前提下实现经济增长与能源消耗、碳排放间的脱钩，已经成为全球各国学者、研究组织关注的热点问题。

在目前的技术水平下，能源消费必然会带来碳排放增长。诺德豪斯（诺贝尔经济学奖获得者，2018 年）在《气候赌场：全球变暖的风险、不确定性与经济学》中提出："我们所用的能源绝大多数都是化石能源，使用了化石燃料的结果是 CO_2 排放到大气中，几百年间，CO_2 的积累改变了地球的气候，并引起了一系列潜在的有害影响。"《BP 世界能源报告》显示，2022 年化石能源 82%的比例比 2010 年的 87%有所下降，但短期内化石燃料仍然是全球能源的最主要类别，因此，"社会发展加快—能源消耗增长—碳排放增长"的模式短期难以打破。

碳排放总量峰值出现在能源消费总量达峰之前。根据碳达峰典型国家的经验可以看到，能源消费总量峰值一般会在碳排放达峰的同年或其后出现，大部分国家能源消费总量达峰时间都是滞后于碳排放总量达峰时间的。因为典型国家碳排放总量达峰后，经济社会对能源需求的总量仍在不断增加，此时，发达国家通过发展可再生能源，优化能源结构，使得单位能耗的碳排放强度不断降低。主要由非化石能源的增长来满足能源总需求量的上升，使能源消费总量的峰值时间滞后于碳排放总量达峰时间。欧盟 15 国在 2005 年能源消费总量才达到峰值，比碳排放总量达峰滞后了约 25 年。其中法国和英国表现最为突出，两国在 20 世纪实现碳达峰，在 21 世纪实现能源消费达峰，时间相差 30 年以上。

"脱钩"理论模型。脱钩关系是指一个地区或者国家的经济发展不以环境恶化为代价，即资源利用和对环境的压力不随着经济发展而增加。“脱钩”可以分为相对脱钩和完全脱钩两种类型。相对脱钩，是指能源使用增长率为正，但小于经济产出增长率，即随着经济快速发展，资源消耗或环境污染增长相对较少。完全脱钩，是指能源使用增长率为零或负数，经济产出增长率为正值，即随着经济快速发展，资源消耗或环境污染呈现负增长或接近零增长。完全脱钩是一种经济可持续发展状态。目前，从世界范围来看，完全脱钩相对较少，因为其发生的前提是资源的生产效率超过经济的增长率。经济合作与发展组织（Organization for Economic Co-operation and Development，OECD）在《衡量经济增长对环境影响脱钩关系的指标》中首次提出“脱钩”概念；通过研究环境压力与经济增长的脱钩指标，发现 OECD 各成员国普遍处在经济增长与生态破坏的脱钩状态。“脱钩”理论是形容阻断经济增长与资源消耗或环境污染之间联系的基本理论，即经济增长与资源消耗或环境污染脱钩，实现二者脱钩发展。联合国环境规划署（United Nations Environment Programme，UNEP）在研究经济发展和环境影响的关系时用了脱钩理论，重点研究了两种模式：一种是资源利用脱钩，指的是通过提高资源使用效率，减少单位经济增长所消耗的资源；另一种是环境影响脱钩，指的是在保持经济增长的同时，减少对环境不利影响。“碳排放脱钩”是指在实现经济增长的同时，能源消费量、碳排放量持续降低，即经济增长与碳排放呈背离趋势。“碳排放脱钩”融合了资源（能源）利用脱钩和环境影响脱钩两种模式。

（四）能源可持续发展研究综述

能源可持续发展是可持续思想在能源发展中的具体运用。目前，国内外能源安全、能源转型、能源环境等研究的最终目标均是实现“能源可持续发展”，这一理念也得到世界各国各地区政府、机构、学者普遍认可。

能源可持续发展思想变迁及研究内容。可持续发展最早出现在联合国环境规划署发布的《世界自然保护纲要》（1980年）中。布伦特兰（1987）在世界环境与发展委员会（World Commission on Environment and Development，WCED）上的报告——《我们共享的未来》第一次正式使用了“可持续发展”概念。20世纪70年代以前，学者很少关注能源在经济增长中的作用，认为自然资源（含能源）能够相互替代或被其他生产要素所替代。随着工业化带来的环境、资源问题日益严峻，可持续发展理论逐步融入能源发展科学中。

机构、学者关于能源可持续发展的相关研究。基于中国知网中国期刊全文数据库，检索篇名中含有“能源可持续”的核心期刊，截至2023年底，共有474篇文献，研究领域和内容集中在4个方面：能源可持续发展战略研究、能源可持续发展因素分析、能源可持续发展理论及概念探讨、能源可持续发展定量评价。其中，能源可持续发展战略研究与新能源发展战略密切相关。一是国际相关研究。在《增长的极限》（1972年）发布之前，学者们认为自然资源（含能源）能够相互替代或被其他生产要素所替代，能源只是单纯的成本问题，但随着历史的演进，能源开发和利用不论是在形态上还是在数量上都是不断发展变化的。各国将可再生新能源发展作为能源可持续发展的重点方向开展了大量研究并出台了相关规划。美国从1973年开始制定了一系列和新能源以及节能增效相关的法律法规。日本提出了能源强国战略，以能源管理法制体系为主导，制定新能源推广大纲和自身发展需要的能源管理模式。欧盟于1997年颁布可再生能源发展白皮书，随后发布了《能源2020：有竞争力、可持续和确保安全的发展战略》等政策规划，指导欧盟各国能源可持续发展。二是国内相关研究。《中国能源与可持续发展》（陈勇，2007）全面回顾了改革开放以来中国能源发展的历程，分析了中国能源供需发展的规律和未来能源需求，探讨了未来实现中国能源可持续发展的战略重点和路线选择。随后相关机构和学者开展了大量研究。《中国能源中长期（2030、2050）发展战略研究》（中国工程院，2011）指出：能源科学发展是国民经济和全社会科学发展的基础。我国要实施科学、绿色、低碳、可持续发展的能源战略，其基本思想是“加快调控转型，强化节能优先，实行总量控制，保障合理需求，优化多元结构，实现绿色低碳，科技创新引领，体系经济高效”。预期到2030年前后我国能源发展将出现历史性的转折点；预期到2050年，我国将基本完成能源体系的变革，实现能源供需模式的科学平衡。能源结构中，洁净能源将占一半以上，并呈继续增加势头，为下半世纪的发展打下坚实而良好的基础。

专栏2-6　能源可持续（科学）发展的主要内容

1. 转变能源供需模式，使其由“以粗放的供给满足增长过快的需求”向“以科学的供给满足合理的需求”转变。

2. 必须强化“节能优先、总量控制”战略。

3. 必须确立“煤炭科学产能”的概念，努力实现煤炭的科学开发和洁净、高效利用与战略地位调整。

4. 必须确保石油、天然气的战略地位，增大天然气的比重。

5. 必须努力优化能源结构，加快非化石能源的发展。

6. 绿色、低碳能源战略是经济—环境双赢的战略。

7. 需要强有力的科技支撑。

资料来源：中国工程院《中国能源中长期（2030、2050）发展战略研究》。

二、能源发展相关指数研究综述

（一）能源相关指数构建方法综述

国内外学者、机构一般通过指标体系和发展指数两种方法对能源发展状况进行评价。构建能源及可持续发展评价指标体系有多种方法，曾睿和陈晓文（2014）、申振东（2008）等总结主要有PSR框架模型、三成分模型、能源—经济—环境（3E）模型、能源自身的可持续性（能源战略与可持续发展相互作用的协同机制）四种方法。在能源可持续发展评价过程中，大都以能源—经济—环境（3E）模型为基础。

（二）能源发展指数研究综述

国内外与能源发展相关的指数研究较多，但已发布的量化指数主要围绕经济发展、能源安全、环境可持续等维度评估国家或地区能源可持续状况（见表 2-1）。在这些指数中，与本研究高度相关的是能源可持续发展指数（SEDI），其他具有代表性的有能源发展指数（EDI）、能源三难困境指数（ETI）等。一是 Insah Iddrisu 和 Subhes C Bhattacharyya 发布的能源可持续发展指数（SEDI）。该指标从经济、社会、环境、技术、政策可持续五个维度，对 60 个国家能源可持续发展进行评估，该指数与联合国开发计划署的人类发展指数（HDI）有较强的相关性。二是世界能源理事会（World Energy Council，WEC）发布的世界能源三元悖论指数（ETI，能源三难困境指数）。世界能源理事会认为可持续的能源系统包括能源安全、能源公平和环境可持续性，三者共同构成“三难困境”。每个国家都面临处理三者之间平衡关系的三难困境，要在这三个方面都取得高绩效，就必须在公共和个人，政府和监管机构，经济和社会因素，国家资源、环境问题和个人消费者行为之间建立复杂的相互联系。根据全球和各国数据，测算分析各国是否有能力开发一个安全、负担得起、符合时代要求的可持续能源系统，重点是通过科学评估各国管理平衡“能源三难困境”问题的能力和能源系统的绩效，提出建议以改善政策的连贯性和综合的政策创新，为决策者和利益相关者寻求可持续能源系统的解决方案，提供战略决策支持，从而帮助其建立良好的能源体系。目前有 32 项具体评价指标对全球 128 个经济体的能源三难困境指数进行评估和排名（见表 2-2）。三是国际能源署（International Energy Agency，IEA）设计的能源发展指数（EDI）。由有电力供应的人口比例、商业能源在终端能源消费总量中所占的比例和人均商业能源消费三个指标组成。该指数可以简要地综合衡量一个国家或地区向现代能源转变的程度及其在能源终端使用方面的成熟程度。对于发展中国家，每个方面的指标都可以利用世界上实际的最大值和最小值（称为“区间标杆”）分别建立一个单独的指数。

表 2-1　国内外能源安全相关评价指数

提出/发布单位	指数名称	评价内容
国际能源署（IEA）	能源发展指数（EDI）	从商品能源使用和电力可及率维度评价各国现代能源发展情况，希望国际社会关注能源贫困问题
Insah Iddrisu 和 Subhes C Bhattacharyya	能源可持续发展指数（SEDI）	从技术、经济、社会、环境、政策可持续五个维度对 60 个国家能源可持续发展进行评估，该指数与联合国开发计划署的人类发展指数（HDI）有较强的相关性
世界能源理事会（WEC）	能源三难困境指数（ETI）	2010 年以来，世界能源理事会（WEC）通过对能源安全、能源公平和环境可持续性三个维度的量化，陆续发布《世界能源三元悖论指数》（*World Energy Trilemma Index*）报告，评估当前和过去各国能源绩效的表现。在此基础上，从四个维度编制了“能源三难困境指数”，根据全球和各国数据，测算分析各国是否有能力开发一个安全、负担得起、符合时代要求的可持续能源系统，通过科学评估各国管理平衡“能源三难困境”问题的能力和能源系统的绩效，提出建议以改善政策的连贯性和综合的政策创新，为决策者和利益相关者寻求可持续能源系统的解决方案，提供战略决策支持，从而帮助其建立良好的能源体系。引导各国提升能源安全、推动能源可及、促进环境友好，推动能源清洁低碳转型
世界经济论坛（WEF）与麦肯锡	能源转型指数（ETI）	围绕能源三角的三个维度（经济发展与增长、能源安全和获取途径、环境可持续性）和转型的有利环境，对各国 10 年来的能源转型进展进行基准评估，并通过投资、制度、技术指标等评价各国能源转型意愿，两者综合体现各国能源转型绩效水平
世界经济论坛（WEF）与埃森哲	全球能源架构绩效指数（EAPI）	从经济增长与发展、环境可持续、能源获取与安全角度对各国能源架构绩效进行评估
张士宁等	全球能源互联网发展指数（GEIDI）	以全球能源互联网理论为基础，全面反映国家和区域的电力系统、能源体系及经济社会环境协调发展程度的综合指数，用于刻画和分析世界能源转型的进程和成效
中证指数公司	中证油气产业指数、中证油气资源指数	中证油气产业指数覆盖油气产业开采、加工、销售以及衍生化工产品生产等全产业链上市公司。中证油气资源指数聚焦于油气产业链中上游资源开采环节，为投资油气领域提供多样化投资标的
中证指数公司	新能源指数	包括中证新能源指数、中证新能源产业指数、中证内地新能源主题指数以及国证新能等。通过新能源设备和技术以及可再生能源生产等内容反映新能源产业整体表现的一个指数

表 2-2　世界能源三元悖论指数评价内容及指标

指标维度	评价内容	主要评价指标
能源安全（能源供应保障）	主要衡量能源供需的可靠性、稳定性，核心是能源供应保障能力	能源供给与消费安全（一次能源供应的多样性、对外依存度）、能源系统的弹性（发电多样性、储能技术、系统稳定性和弹性）
能源公平性（能源价格承受能力）	主要评价能源的可及性、普惠性、便利性、经济性或可负担性，核心是消除"能源贫困"的努力程度与效果	能源获取（用电、清洁烹饪）、优质能源获取（获取"现代"能源）、承受力（电价、汽柴油价格、天然气价格、居民用电支付能力）
能源生态（或环境可持续性）	主要考察能源的低碳、清洁化程度以及环境的可持续性，核心是推动能源转型、碳减排、污染防控的政策力度与成效	能源资源生产率（最终能源强度、发电和输配电效率）、脱碳（低碳发电、温室气体排放趋势）、排放和污染（二氧化碳强度、人均二氧化碳排放量、人均甲烷排放量、$PM_{2.5}$年均暴露量、PM_{10}年均暴露量）
国家背景	主要评价国家或地区政策环境，核心是政策的稳定性	宏观经济环境（宏观经济稳定性）、国家治理（政府效能、政治稳定性、法治、监管质量）、投资和创新的稳定性（外国直接投资净流入、经商便利、反腐、法律框架效率、知识产权保护、创新能力）

（三）能源可持续发展评价指标体系研究综述

能源可持续发展水平评价一般都是首先建立能源可持续发展指标体系，再选择合适的评价方法对指标体系进行评价。国内外学者从多个维度研究能源可持续发展评价指标，用以评价区域能源可持续发展能力。国内外最具有代表性的是国际原子能机构（IAEA）组织构建的可持续发展能源指标体系（EISD）（见表 2-3）和国家发展改革委能源研究所课题组（2012）建立的中国能源可持续发展综合评价指标体系（见表 2-4）。一是构建社会、经济、环境三个维度的评价指标体系。国际原子能机构组织构建的可持续发展能源指标体系涉及社会、经济和环境三大领域的 30 个核心指标。何斯征和黄东风（2007）以 EISD 指标为基础，结合浙江省重点能源问题和统计口径，确定 17 个浙江省可持续发展能源指标。余颖琳等（2011）基于 3E 模型从生活质量、健康、利用和生产模式、安全、空气、水 6 个模块评价区域能源可持续发展能力。申振东（2008）基于 3E 模型从能源与经济、能源与环境、能源供需、能源结构、能源效率 5 个模块评价贵州能源发展。王仲瑀（2007）考虑能源资源状况、经济发展状况、能源技术状况和能源制度因素，建立能源可持续发展基本指标和能源可持续发展综合指标评价黑龙江省能源可持续发展。二是构建社会、经济、环境和能源安全四个维度的评价指标体系。邓伟根和刘萱芝（2012）基于循环经济视角，建立社会可持续发展、经济可持续发展、环境可持续发展和能源安全 4 个子系统的 13 个指标。韦福雷等（2011，以黑龙江为例）、赵燕娜等（2005）从能源资源开发利用、环境保护、经济发展和社会发展 4 个方面建立指标体系，分别评价我国能源及能源经济可持续发展能力。三是构建安全、高效、经济、清洁、低碳、公平六个维度的评价指标体系。苗韧等（2012）从中国经济社会可持续发展的基本需求和能源可持续发展的内涵出发，建立安全、高效、经济、清洁、低碳、公平 6 个系统 29 个专题的中国能源可持续发展评价指标体系。四是构建供应端、需求端和负担力三个维度的评价指标体系。丁守海等（2022）基于 2005—2018 年的省级面板数据，构建了包括能源供应端、需求端和负担力 3 个一级指标、5 个不同层面二级指标以及 35 个三级指标的能源可持续发展的综合评价指标体系，用以综合评价各区域能源可持续发展的动态变化。五是构建可及性、清洁度、效率、支付性和可靠性五个维度的评价指标体系。清华大学环境学院鲁玺课题组（2023）按照联合国《2030 年可持续发展议程》“确保人人获得负担得起的、可靠和可持续的现代能源”的可持续发展目标要求，以全球 140 个国家 2011—2020 年的各项能源可持续性指标数据所构成的数据库为基础，构建包括可及性、清洁度、能源效率、可支付性和可靠性五个维度的 12 个指标的能源可持续性评价体系。国内其他主要能源可持续发展评价指标体系见表 2-5。

表 2-3 国际原子能机构（IAEA）可持续发展能源指标体系（EISD）

主题	子主题	能源指标		相关参数
1. EISD 可持续发展能源指标的社会领域				
公平	能源可获得性	SOC1	无法获得电力或商业能源，或严重依赖非商业能源的家庭（人口）比例	无法获得电力或商业能源，或严重依赖非商业能源的家庭（人口）数量；家庭（人口）总数
	能源费用的支付能力	SOC2	家庭收入中燃料和电力开支的比例	家庭收入中用于燃料和电力开支；家庭收入（所有家庭总收入和最贫困家庭20%的收入）
	能源消费的两极分化	SOC3	各类收入群体的家庭能源用量和燃料构成	各类收入群体的户均能源消费量；各类收入群体的户均收入；各类收入群体的燃料构成量
健康	安全	SOC4	各燃料链的事故年死亡人数/能源产量	各燃料链的年死亡人数；年能源产量
2. EISD 可持续发展能源指标的经济领域				
能源利用和生产方式	消费总量	ECO1	人均能源消费	能源消费量（一次能源总供应量，最终能源消费总量和用电量）；总人口
	总体效率	ECO2	单位 GDP 能源消费	能源消费量（一次能源消费总量，最终能源消费量和用电量）；GDP
	供应侧效率	ECO3	能源转换和配送效率	转换系统的损耗，包括电力生产和输配电的损耗
	生产	ECO4	产量/储量比	已探明的可开发储量；总能源产量
		ECO5	产量/资源量比	预计总资源储量（包括已探明和估计尚未探明的）；总能源产量
	终端消费	ECO6	工业能耗强度	工业领域能源消费量；工业产值增加值
		ECO7	农业能耗强度	农业领域能源消费量；农业产值增加值
		ECO8	服务业/商业能耗强度	服务业/商业领域能源消费量；服务业/商业产值增加值
		ECO9	家庭能耗强度	家庭能源消费量；家庭数量、室内面积、户均人口和家用
		ECO10	交通能耗强度	交通运输行业的能源用量（按照不同交通工具划分）；旅客和运输千米数（按照不同交通工具划分）

续表

主题	子主题	能源指标		相关参数
	燃料结构	ECO11	能源和电力的燃料结构	各类燃料的一次能源供应、最终消耗、发电量和发电装机；一次能源供应总量、最终消耗量、发电量和装机容量
		ECO12	能源和电力中无碳能源比率	各类无碳能源的一次能源供应、最终消耗、发电量和发电装机；总的一次能源供应、最终消耗量、发电量和发电装机
		ECO13	能源和电力中可再生能源比率	各类可再生能源的一次能源供应量、最终消耗、发电量和发电装机；一次能源供应总量、最终消耗量、发电量和发电装机
		ECO14	不同燃料、不同领域的末端能源价格	能源价格（包括考虑税收/补贴和不考虑税收/补贴的情况）
能源安全		ECO15	能源进口依赖度	能源进口量；一次能源供应总量
		ECO16	战略燃料储备量/相应燃料消耗量	战略燃料储备量（如油、气）；战略燃料消耗量
3. EISD 可持续发展能源指标的环境领域				
大气	气候变化	ENV1	单位人口单位 GDP 的由于能源生产和消费引起的温室气体排放	能源生产和消费引起的温室气体排放量；人口；GDP
		ENV2	城市大气污染物浓度	大气污染物浓度
	空气质量	ENV3	能源系统的大气污染物排放量	大气污染物排放量
水	水质量	ENV4	能源系统的液态排污量，包括油的排放	液态排污量
土壤	土壤质量	ENV5	土壤酸化超过临界负载值的土壤面积	影响的土壤面积；临界负载值
	森林	ENV6	由于能源使用引起的森林消失	两个不同时期的森林面积；生物质利用情况
	固体废弃物产生与管理	ENV7	固体废弃物产生速度/产出的能源单位	固体废弃物量；能源产量

续表

主题	子主题	能源指标		相关参数
		ENV8	经适当处理的固体废弃物量/固体废弃物总量	经适当处理的固体废弃物量；固体废弃物总量
		ENV9	固体放射性废弃物量/产出的能源单位	固体放射性废弃物量（一段时间内的累计值）；能源产量
		ENV10	待处理的固体放射性废弃物量/固体放射性废弃物总量	待处理的固体放射性废弃物量；固体放射性废弃物总量

表 2-4 国家发展改革委能源研究所中国能源可持续发展综合评价指标体系

系统层	专题层	要素层
安全 0.322	能源资源指数 0.171	煤炭采储比、煤炭储量替代率、石油采储比、石油储量替代率、天然气采储比、天然气储量替代率、尚未开发水电资源比例、核燃料采储比、核燃料储量替代率、新能源资源指数
	供需平衡指数 0.193	（煤炭、石油、天然气）对外依存度、新增（煤炭、石油、天然气）需求、（煤炭、石油、天然气）投资消费弹性、电力投资消费弹性
	能源进口安全指数 0.151	（煤炭、石油天然气）进口价格、能源进口的运输安全指数、与主要能源进口国的外交关系与政治稳定指数
	库存和应急能力指数 0.113	煤炭储备天数、石油储备天数、天然气储备天数
	能源安全技术发展指数 0.110	能源信息化监测水平、能源调度应急系统发展水平、核电安全技术水平
	能源安全保障体系建设 0.072	能源库存体系建设和管理机制评价、水电环境和社会影响处理机制评价、能源传输配送的应急保障机制评价
	能源发展的代价和不确定性指标 0.190	各项能源政策导致的 GDP 损失、各品种能源需求和供应能力差距
高效 0.130	一次能源生产效率 0.194	煤炭采选效率（采选能耗/煤炭产量），石油天然气开采率、水电站利用小时数、核燃料利用效率、风力发电效率水平、光热利用效率水平、光伏发电效率水平
	能源加工转换效率 0.198	综合品种发电效率指标、供热效率、炼焦效率、炼油效率、洗选煤效率、煤制品加工效率

续表

系统层	专题层	要素层
	能源传输配送效率 0.154	煤炭运输效率（运输能耗/煤炭运量）、电力传输效率
	能源终端消费效率 0.300	主要品种工业产品生产能耗、交通运输单位周转量能耗，商业和公共服务业单位建筑能耗、城镇/农村住宅单位建筑能耗
	能源回收利用水平 0.104	回收能占一次能源的比重
经济 0.29	能源支持经济社会发展的效益指标 0.280	第一产业、工业、建筑业、第三产业（除交通运输、仓储和邮政业）单位增加值能耗、旅客/货物单位周转量能耗、城镇/农村户均能耗
	国内能源价格综合指数 0.271	煤炭价格指数（去掉通胀因素）、成品油价格指数、天然气价格指数、电力价格指数
	能源投资景气指数 0.160	能源工业投资占 GDP 比重、年新增资源储量/能源勘探投资、年新增能源生产能力/能源工业投资
	能源技术经济指标 0.287	煤炭/石油/天然气的平均开采成本、火力发电边际成本、炼油边际成本、风电/光伏发电/核电装机成本
清洁 0.111	一次能源清洁度 0.293	清洁能源占一次能源比重
	清洁电力指数 0.231	天然气发电、水力发电、核电、新能源发电占总发电量的比重
	能源替代的清洁化指数 0.133	生物质燃料对石油的替代指数、煤制油替代指数、煤制气替代指数
	清洁能源的投资指数 0.100	天然气投资增幅、水电投资增幅、核电投资增幅、风电投资增幅、光伏发电投资增幅、其他清洁能源投资增幅
	能源污染治理指数 0.107	废气处理达标率、废水处理达标率
低碳 0.084	低碳发展的总体评价指标 0.268	CO_2 排放总量、单位 GDP 的 CO_2 排放、人均 CO_2 排放
	低碳发展方式指数 0.200	投资占 GDP 的比重、消费占 GDP 的比重、第三产业占 GDP 比重、公共交通出行占城市交通出行比重、航空出行占客运交通比重、公路货运占货运交通比重、铁路货运占货运交通比重
	非化石能源发展指数 0.237	非化石能源占一次能源消费比重
	低碳技术发展指数 0.145	CCS/CCUS 技术普及率和成本、电动汽车普及率和成本
	低碳政策机制实施指数 0.153	碳税是否实施、是否建立碳交易制度、是否建立碳标签制度、是否实施 MRV 制度、低碳宣传力度评价

续表

系统层	专题层	要素层
公平 0. 055	区域公平指数 0. 446	地区能源消费价格一致性、地区能源消费量均衡性、城乡居民能源消费差异变化、城乡居民能源消费价格差异变化
	代际公平指数 0. 210	每 10 年各品种能源需求和资源可采储量的比值
	收入公平指数 0. 344	不同收入家庭能源消费量差异

资料来源：根据苗韧等《中国能源可持续发展评价指标体系构建与初步评价》整理。

表 2-5 国内其他主要能源可持续发展评价指标体系

指标维度	研究者（年度）	指标体系	主要评价指标
社会、经济、环境三个维度	何斯征、黄东风（2007）	浙江省可持续发展能源指标体系	以 EISD 指标为基础，结合浙江省重点能源问题和统计口径，确定 17 个浙江省可持续发展能源指标：家庭收入中燃料和电力开支的比例、不同收入群体的家庭能源用量和燃料构成、人均能源消费、单位 GDP 能源消费、能源转换和配送效率、资源量和已开发量、工业能耗强度、农业能耗强度、服务业能耗强度、人均生活用能、交通能耗强度、能源和电力的燃料构成、能源和电力中无碳能源比率、浙江省的能源自给率、能源生产和使用引起的人均及单位 GDP 的温室气体排放、城市的大气污染物浓度、森林覆盖率
	余颖琳、赵黛青、陈勇（2011）	区域能源可持续发展指标体系	1. 社会方面（5 个）：生活质量（人均年生活用电量、农村用电量、农村人均能源支出/总消费支出、城镇人均能源支出/总消费支出）、健康（能源生产链所发生的灾难事件）； 2. 经济方面（14 个）：利用和生产模式（人均能源使用量、单位 GDP 能源消耗、能源转化和传输效率、工业用能密集度、农业用能密集度、服务业/商业用能密集度、交通用能密集度、燃料能源在能源和电力中所占份额、可再生能源在能源和电力中所占份额、燃料零售价格指数）、安全（能源输入依存度、能源基本建设投资、能源存储和生产比、能源资源和生产比）； 3. 环境方面（5 个）：空气（人均二氧化碳排放、燃料燃烧过程废气排放总量、工业粉尘排放量、工业二氧化硫排放）、水（工业废水排放达标率）
	申振东（2008）	贵州能源评价体系	能源与经济、能源与环境、能源供需、能源结构、能源效率 5 个模块

续表

指标维度	研究者（年度）	指标体系	主要评价指标
	王仲瑀（2007）	黑龙江省能源可持续发展评价指标体系	宏观经济、能源预测、能源供应优化、能源与环境、能源可持续发展5个模块
社会、经济、环境和能源安全四个维度	邓伟根、刘萱芝（2012）	能源可持续发展能力评价体系	1. 社会可持续发展系统（2个）：人均能源消费量、人均GDP； 2. 经济可持续发展系统（6个）：单位GDP能耗、能源消费增长率、第三产业产值占比、能源加工转换率、能源生产弹性系数、能源消费弹性系数； 3. 环境可持续发展系统（3个）：人均SO_2排放量、环境污染治理投资占GDP比例、新能源占能源消费量比例； 4. 能源安全系统（2个）：能源自给率、石油净进口量
	赵燕娜、朝霞、孙育强（2005）	能源经济可持续发展评估体系	1. 能源利用子系统：单位GDP能耗变化率； 2. 环境保护子系统：工业燃烧过程中废气排放量变化率； 3. 经济发展子系统：能源消费弹性系数； 4. 社会发展子系统：能源实物量和人均能源实物量
	韦福雷等（2011，以黑龙江为例）	能源可持续发展能力评价指标体系	1. 能源资源开发利用（4个）：主要能源资源储采比、人均耕地、人均林地、人均水资源； 2. 社会发展（4个）：恩格尔系数、人口自然增长率、R&D经费占GDP比重、教育经费占GDP比重； 3. 经济发展（5个）：人均国内生产总值、财政自给率、第三产业占GDP比重、万元GDP能源消耗量、投资率； 4. 环境保护（5个）：环保投入占GDP比重、废水排放达标率、废气排放达标率、固体废物综合利用率、森林覆盖率
供应端、需求端和负担力三个维度	丁守海等（2022）	能源可持续发展综合评价指标体系	1. 供应端（13个）：一次能源（煤炭：焦炭生产量、煤炭采选业投资；天然气：天然气管道长度、天然气供气量、天然气用气人口；可再生：水力发电量、城市污水日处理能力）、二次能源（热电：总发电量、供热面积、蒸汽供热总量、热水供热总量、蒸汽供热管道长度、热水供热管道长度）；

续表

指标维度	研究者（年度）	指标体系	主要评价指标
			2. 需求端（生产生活用能 12 个）：设备（每百户热水器拥有量、每百户空调拥有量）、建筑（住宅面积、医院数量）、气候（年平均气温、年平均相对湿度、日照时长）、人口（年末常住人口、人口抚养比）、政策（地方财政税收收入、地方财政一般预算支出、城市创新指数）； 3. 负担力（10 个）：经济约束（消费状况：煤炭消费量、天然气消费量、电力消费量、第二产业增加值、第三产业增加值；收入状况：城镇居民人均可支配收入、社会消费品零售总额、商品房销售价格）；环境约束（空气质量：$PM_{2.5}$浓度；能耗控制：单位 GDP 能耗）
可及性、清洁度、效率、支付性和可靠性五个维度	清华大学环境学院鲁玺课题组（2023）	能源可持续性评价指标体系	1. 可及性（4 个）：农村电力普及率、城镇电力普及率、清洁炊事燃料普及率、电气化率； 2. 清洁度（3 个）：可再生能源占比、空气污染物排放强度、CO_2 排放强度； 3. 能源效率（2 个）：单位 GDP 能源强度、能源分配效率； 4. 可支付性（1 个）：电力消费占收入的比例； 5. 可靠性（2 个）：月均停电次数、能源自给率

三、我国能源发展政策综述

（一）能源政策的内涵及分类

能源政策内涵。能源政策是支持、约束、保障能源开采、能源利用等方面的法律法规、部门规章、支持保护措施等的总和。从制定及组织实施部门来看，包括立法机关制定并颁布的法律法规，各级政府及其部门制定并组织实施的部门规章、支持保护措施等；从实施手段来看，包括具有普遍约束力而用强制手段实施的法律法规和部门规章；用政策杠杆来调节的支持保护政策；用市场手段来调节的能源价格等政策。能源政策通过推动绿色技术进一步提高能源利用效率、降低碳排放，从而提高能源绿色发展水平。范秋芳等（2022）、刘希凤（2024）等认为，能源政策积极调整和优化能源消费结构、稳定能源供应、保护生态环境，能源政策的变化将导致能源消费结构的变化，从而加大能源价格变动风险，相关企业及高碳行业的稳健性将受到冲击，并影响居民生活质量。唐云霓等（2023）研究发现，我国能源政策包括调整（优化）能源结构、促进科技创新（深化能源体制改革）和控制能源消费总和三个方面的重点内容。

能源政策分类。根据不同的分类方法，能源政策有不同的细分类型，不同类型的能源政策所调整、规范的内容也不尽相同（见表 2-6）。按照政策约束力及效力细分，我国能源政策框架大体包括法律法规、规划、管理体制机制、约束性制度、激励性政策、科技创新政策等。

表 2-6　我国能源政策主要种类

分类依据	政策类别	主要特点
能源政策导向	节约型能源政策	以节约能源使用为政策导向
	开发型能源政策	以补贴、资金支持方式激发主体使用新能源
政策目标能源种类	可再生能源政策	针对水、风、太阳能等可再生资源开发政策
	传统化石能源政策	针对煤炭、石油、天然气的相关政策
能源政策工具类型	供给型能源政策	主要是通过提供资金、人才等资源和技术支持等服务，为能源结构优化提供物质保障
	需求型能源政策	通过财政补助、激励手段满足外部社会多样化需求
	环境型能源政策	通过构建社会与市场等方面环境引导，优化能源结构
约束力及效力	法律法规	强制性，普遍约束力
	规划	对全国、区域能源发展的战略性指导
	管理体制机制	针对能源管理的专项政策
	约束性制度	针对能源消费提出具体的指标
	激励性政策	鼓励节约能源、开发可再生能源的支持性政策
	科技创新政策	针对能源科技创新提出的支持性政策

（二）我国能源发展政策变迁

新中国成立之初，我国贯彻“依靠国内资源、以煤为主”的能源指导方针，为适应粗放型经济发展需要，采取粗放的能源生产方式，通过快速释放能源供给能力以缓解能源短缺困境。改革开放以来，我国不断对能源发展战略重点作出相应调整，能源政策经历了增加能源供给、推进能源市场化、优化能源结构和能源绿色低碳四个重要阶段，各阶段政策有所侧重（见图 2-1）。

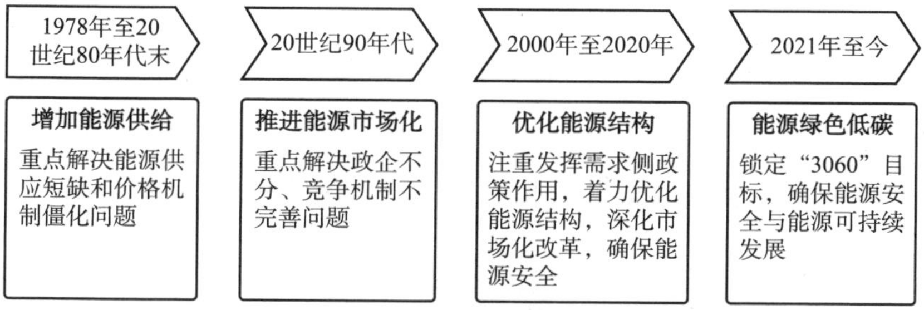

图 2-1　改革开放以来我国能源政策演进重要阶段划分

党的十八大以来，我国能源政策发生了深刻的变化，现阶段我国能源政策的核心是保障能源安全、经济可持续发展和环境友好。

专栏 2-7　党的十八大以来能源政策变化重要节点

2014 年 6 月 13 日，习近平总书记在中央财经领导小组第六次会议上明确提出了“四个革命、一个合作”（即推动能源消费革命、能源供给革命、能源技术革命、能源体制革命，全方位加强国际合作，实现开放条件下能源安全）的重大能源战略思想，标志着国家能源安全新战略被提升为国家重大战略。

2016 年 12 月，国家发展改革委、国家能源局印发《能源生产和消费革命战略（2016—2030）》（发改基础〔2016〕2795 号），该战略是我国首个能源系统综合性中长期发展规划。此后，由总体规划和专项规划组成的“1+14”系列能源发展“十三五”规划、行动计划基本成形。

2020 年 9 月，我国正式提出“3060”双碳目标，标志着“十四五”时期我国能源战略重心已锚定“双碳”目标，加速能源绿色低碳转型。

2022年10月，党的二十大报告提出深入推进能源革命，加强煤炭清洁高效利用，加大油气资源勘探开发和增储上产力度，加快规划建设新型能源体系。

资料来源：根据网络资料整理。

（三）“十四五”以来我国主要能源政策

“十四五”以来，我国充分发挥宏观政策和能源战略规划的引领作用，明确了能源发展的总体目标和重点任务，在确保能源安全的同时，结合“3060”目标，更加注重能源绿色低碳发展。

能源安全政策。主要包括相关法律对能源、节约能源、可再生能源分别进行了规范，相关规划对“十四五”时期加快构建现代能源体系、推动能源高质量发展作出部署（见表2-7）。在建设全国统一大市场的同时，加快新型储能发展，建立煤矿产能储备制度，原料用能和新增可再生能源消费不纳入能源消费总量控制。

表2-7　“十四五”以来我国能源安全相关政策

时间	政策名称	相关内容
2024年11月	中华人民共和国能源法	能源规划、能源开发利用、能源市场体系、能源储备和应急、能源科技创新、监督管理和法律责任等
2022年1月	“十四五”现代能源体系规划	对“十四五”时期加快构建现代能源体系、推动能源高质量发展作出部署
2022年3月	中共中央　国务院关于加快建设全国统一大市场的意见	提出“建设全国统一的能源市场”，在有效保障能源安全供应的前提下，结合实现碳达峰碳中和目标任务，有序推进全国能源市场建设
2021年7月	关于加快推动新型储能发展的指导意见	提出了五大方面的主要任务：一是强化规划引导，鼓励储能多元发展；二是推动技术进步，壮大储能产业体系；三是完善政策机制，营造健康市场环境；四是规范行业管理，提升建设运行水平；五是加强组织领导，强化监督保障工作
2022年1月	“十四五”新型储能发展实施方案	对“十四五”时期新型储能发展作出部署

续表

时间	政策名称	相关内容
2022 年 10 月	关于进一步做好原料用能不纳入能源消费总量控制有关工作的通知	明确提出，将原料用能从能源消费总量中扣除，树立节能目标责任评价考核新导向
2022 年 8 月	关于进一步做好新增可再生能源消费不纳入能源消费总量控制有关工作的通知	明确提出，新增可再生能源电力消费量不纳入能源消费总量控制，对推动能源清洁低碳转型、保障高质量发展合理用能需求具有重要意义
2024 年 4 月	关于建立煤炭产能储备制度的实施意见	提出到 2027 年初步建立煤炭产能储备制度，形成一定规模的可调度煤炭产能储备。到 2030 年产能储备制度更加健全，力争形成 3 亿吨/年的可调度产能储备
2023 年 10 月	关于进一步加快电力现货市场建设工作的通知	提出进一步明确现货市场建设要求，进一步扩大经营主体范围，统筹做好各类市场机制衔接，提升电力现货市场运营保障能力

能源绿色低碳可持续发展政策。提出完整准确全面贯彻新发展理念做好碳达峰碳中和工作的要求，完善能源绿色低碳转型体制机制和政策措施，发布“十四五”可再生能源发展规划，并提出“十四五”节能减排综合工作方案（见表 2-8）。在科技创新方面，发布“十四五”能源领域科技创新规划，推进能源碳达峰碳中和标准化和能源数字化智能化发展。

表 2-8 “十四五”以来国家能源绿色低碳可持续发展相关政策

时间	政策名称	相关内容
2021 年 2 月	关于加快建立健全绿色低碳循环发展经济体系的指导意见	贯彻落实党的十九大部署，提出推动能源体系绿色低碳转型
2021 年 11 月	“十四五”工业绿色发展规划	提出了推动加快能源消费低碳化等六个转型
2021 年 9 月	中共中央 国务院关于完整准确全面贯彻新发展理念做好碳达峰碳中和工作的意见	提出“加快构建清洁低碳安全高效能源体系”，包括强化能源消费强度和总量双控、大幅提升能源利用效率、严格控制化石能源消费、积极发展非化石能源、深化能源体制机制改革
2021 年 10 月	国务院关于印发 2030 年前碳达峰行动方案的通知	提出重点实施能源绿色低碳转型行动、节能降碳增效行动等“碳达峰十大行动”
2021 年 10 月	“十四五”可再生能源发展规划	对“十四五”时期可再生能源发展作出部署

续表

时间	政策名称	相关内容
2022 年 1 月	关于完善能源绿色低碳转型体制机制和政策措施的意见	提出推动完善能源相关的绿色消费机制，通过消费端优先使用绿色能源的需求选择带动能源生产供应端绿色低碳转型，在全社会倡导节约用能、绿色用能
2021 年 12 月	“十四五”节能减排综合工作方案	提出“十四五”期间将实施重点行业绿色升级、园区节能环保提升、城镇绿色节能改造、交通物流节能减排、农业农村节能减排、公共机构能效提升、重点区域污染物减排、煤炭清洁高效利用、挥发性有机物综合整治、环境基础设施水平提升等十大方面的节能减排重点工程
2022 年 1 月	促进绿色消费实施方案	提出大力发展绿色交通消费、进一步激发全社会绿色电力消费潜力
2022 年 6 月	减污降碳协同增效实施方案	提出推动能源绿色低碳转型
2022 年 6 月	工业能效提升行动计划	提出了大力提升重点行业领域能效、持续提升用能设备系统能效、统筹提升企业园区综合能效、有序推进工业用能低碳转型、积极推动数字能效提档升级、持续夯实节能提效产业基础、加快完善节能提效体制机制等七方面的重点任务
2022 年 7 月	工业领域碳达峰实施方案	该文件是工业节能和碳达峰工作“十四五”至“十五五”的实施路线图
2023 年 1 月	关于推动能源电子产业发展的指导意见	提出要扩大光伏发电系统、新型储能系统、新能源微电网等智能化多样化产品和服务供给
2023 年 10 月	国家碳达峰试点建设方案	提出了能源绿色低碳转型的 5 个具体指标
2021 年 11 月	“十四五”能源领域科技创新规划	对“十四五”时期加快构建现代能源体系、推动能源高质量发展作出部署
2023 年 3 月	关于加快推进能源数字化智能化发展的若干意见	提出要推动数字技术与能源产业发展深度融合，设定了 6 个发展方向，要以数字化智能化技术加速发电清洁低碳转型、以数字化智能化技术支撑新型电力系统建设、以数字化智能化技术带动煤炭安全高效生产、以数字化智能化技术助力油气绿色低碳开发利用、以数字化智能化用能加快能源消费环节节能提效、以新模式新业态促进数字能源生态构建

续表

时间	政策名称	相关内容
2024 年 2 月	工业领域碳达峰碳中和标准体系建设指南（2023 版）	涉及燃料替代与可再生能源利用、化石能源清洁低碳利用、节能提效降碳、燃料碳含量测定方法等标准
2022 年 9 月	能源碳达峰碳中和标准化提升行动计划	提出到 2025 年，初步建立起较为完善、可有力支撑和引领能源绿色低碳转型的能源标准体系，能源标准从数量规模型向质量效益型转变，标准组织体系进一步完善，能源标准与技术创新和产业发展良好互动，有效推动能源绿色低碳转型、节能降碳、技术创新、产业链碳减排。到 2030 年，建立起结构优化、先进合理的能源标准体系，能源标准与技术创新和产业转型紧密协同发展，能源标准化有力支撑和保障能源领域碳达峰碳中和
2023 年 8 月	绿色低碳先进技术示范工程实施方案	提出源头减碳重点发展方向：非化石能源先进示范项目、化石能源清洁高效开发利用示范项目、先进电网和储能示范项目、绿氢减碳示范项目

第三章　“双碳”背景下重庆能源可持续发展指数构建

一、构建思路

以习近平新时代中国特色社会主义思想为指导，认真学习贯彻党的二十大和二十届三中全会精神，全面落实习近平总书记视察重庆重要讲话重要指示精神，全面落实市委六届五次全会部署，紧扣碳达峰碳中和目标，坚持高质量发展和高水平安全良性互动，以改革创新为根本动力，以满足经济社会发展和人民日益增长的美好生活需要为根本目的，提升能源安全保障能力，与加快绿色转型发展并重，着力提高能源产业链现代化水平，加快构建能源可持续发展指数指标体系，促进全市加快构建清洁低碳、安全高效的新型能源体系，为新时代新征程全面建设现代化新重庆提供坚实的能源保障。

二、构建原则

科学性原则。指标构建要建立在对“双碳”背景下重庆能源安全与可持续发展内涵和目标的深刻理解、精准把握上，指标选择具有科学性和合理性，确保指数结果能够全面反映能源可持续发展客观现实，有利于推动支撑区域经济社会高质量发展。

系统性原则。指标构建要强调系统性、整体性、协调性，能源可持续发展是一个系统性概念，不仅需要在能源安全、绿色发展等多方面体现，同时各子系统要有逻辑层次，实现从宏观到微观、从整体到局部，全面反映出能源可持续发展的内涵。

代表性原则。在指标体系构建时，各领域指标繁多复杂，应坚持问题导向、把握主要矛盾，选取具有权威性、典型性的指标，尽量科学、简洁、精准地反映能源可持续发展现实状态。同时，注意指标间相互独立，避免重叠重复，真实客观反映“双碳”背景下重庆能源可持续发展的不同方面。

实用性原则。指标选取应在满足科学性的同时，兼顾可量化、可获取的实践应用需求，同时要考虑具体指标的横向、纵向可比性，即能源可持续发展指数在不同省份之间横向可比，在不同时间点上纵向可比，使测算结果能够有效应用于实际分析。

三、主要功能

一是为科学指导重庆能源保供和能源产业稳健发展提供决策支撑。重庆仍处于城市化工业化快速发展时期，能源消费总量必然持续增长，碳排放总量及增量的控制难度加大。通过编制能源可持续发展指数，可量化监测全市能源安全保障、能源结构、能源效率、清洁能源生产、碳排放、低碳生活等指标的绝对值及趋势变化。根据能源可持续发展指数的监测及预测功能，全面把握重庆能源安全供给、碳排放的特点及存在的问题，为科学制定重庆能源发展战略、能源产业发展政策提供基础数据支撑，为改进存在的弱项，针对性出台改进措施提供决策参考。

二是为科学指导全市产业绿色低碳发展提供支撑。重庆具有在推进长江经济带绿色发展中发挥示范作用的新使命与新要求，但在绿色低碳转型发展方面还面临生态产业体系未完全建立、产业绿色转型难度大等较多困难。通过编制能源可持续发展指数，可量化监测全市能耗效率指标、绿色技术发展水平、传统高耗能行业的能效及碳排放水平等指标的绝对值及趋势变化。根据能源可持续发展指数相关的产业绿色低碳发展指标监测及预测功能，制定推进制造业绿色低碳转型发展、碳交易市场等绿色低碳服务市场发展、绿色低碳出行相关的发展路径及支持政策，为推进全市产业绿色低碳发展服务。

三是为落实碳达峰碳中和战略行动提供支持。为落实《中共重庆市委、重庆市人民政府关于完整准确全面贯彻新发展理念做好碳达峰碳中和工作的实施意见》（渝委发〔2022〕8号），需要从多角度多层级完善推进重庆市碳达峰碳中和标准计量系统建设。通过编制能源可持续发展指数，设置量化监测全市碳排放水平、各行业减碳水平、生态固碳能级、技术减碳水平等“双碳”指标，监测趋势变化。同时，能源可持续发展指数可与重庆市建立健全碳达峰碳中和标准计量体系等制度规范共同作用，为市委、市政府制定针对性的能源相关政策、碳达峰碳中和政策提供决策参考，达到理论指导实践的目的。

四是为参与能源发展的市场主体提供服务支撑。作为西部能源净输入地区的重庆，要实现能源安全及“双碳”目标，需要有为政府与有效市场组合发力以及全社会的共同参与。涉及的市场主体包括节能减排重点企业、交易市场、行业组织、社会团体等相关方。通过能源可持续发展指数的各级指标值及其趋势变化，政府部门可对不同所有制性质市场主体分类指导，促进市场主体在参与能源产业发展、能源保供体系、产业绿色低碳发展、双碳交易市场体系中公平竞争，破除体制性障碍。能源输配企业以及制造业企业等产业发展市场主体可通过能源可持续发展指数寻求投资机会及节能减排重点方向，制定更为科学合理的企业发展战略。绿证交易、绿电交易、碳排放权等“双碳”交易市场主体可通过能源可持续发展指数了解碳排放权交易市场发展情况，挖掘交易潜力领域。社会大众可通过能源可持续发展指数了解全市在推进“双碳”目标方面的政策导向，为更好参与绿色建筑、绿色出行、绿色饮食等绿色消费体系形成，打造绿色低碳生活方式贡献力量。

五是衡量重庆与其他省份在能源可持续发展方面的比较优劣势，为国家构建能源可持续发展指数提供重庆样本。本指数研究前期以重庆为样本，后期可选取发达地区的能源净输出省份及能源净输入省份、欠发达地区的能源净输出省份及能源净输入省份作为研究拓展，分析不同发展阶段、不同能源禀赋特点省份的能源可持续发展指数变化。用能源可持续发展指数分值对各省份综合指数和分析指数进行分值测算、排名，对各省份进行纵向横向比较，在一定程度上能够促进重庆对标同类先进，进而采取针对性措施，落实“双碳”目标国家战略，同时还可为构建国家层面的能源可持续发展指数探索提供省级数据样本。

四、指标体系

以绿色、低碳、循环发展等基础理论为指导，基于世界能源理事会能源三难困境指数框架，以落实“双碳”目标任务为主线，以实现能源可持续发展为核心，坚持“绿色、安全、高效、清洁、低碳”，从能源安全韧性、能源经济性、环境可持续性、能源支撑背景四大维度构建重庆能源可持续发展指数指标体系，旨在重点考察能源资源安全供应能力、能源资源负担能力、生态环境承载能力和经济社会支撑能力，解析“双碳”背景下影响重庆能源可持续发展的关键因素，揭示重庆能源安全、能源经济性、环境可持续性的协调演进情况。在综合权衡指标的科学性、可得性、可比性基础上，选取能源供给多样性、能源消费安全、优质能源获取、能源终端价格、能源清洁高效利用、能源运行系统脱碳、大气污染物排放、科技创新能力、资金要素保障等 9 个二级指标，以及煤炭生产供应能力、电力生产供应能力、天然气生产供应能力、能源依存度、可再生能源消费占比、电力价格、天然气价格、成品油价格、煤炭消费占比、能源消费强度、低碳发电占比、碳排放增速、重点行业节能降碳成效、大气颗粒物排放、其他主要大气污染物排放、创新主体规模、研发投入强度、专利产出水平、投资稳定性、绿色金融发展水平等 20 个三级指标，对“双碳”背景下重庆能源可持续发展状态进行客观的指数评价（见表 2-9）。

表 2-9 “双碳”背景下重庆能源可持续发展指数指标体系

一级指标	二级指标	三级指标	指标方向
能源安全韧性	能源供给多样性	煤炭生产供应能力	+
		电力生产供应能力	+
		天然气生产供应能力	+
	能源消费安全	能源依存度	–
能源经济性	优质能源获取	可再生能源消费占比	+
	能源终端价格	电力价格	–
		天然气价格	–
		成品油价格	–
环境可持续性	能源清洁高效利用	煤炭消费占比	–
		能源消费强度	–
	能源运行系统脱碳	低碳发电占比	+
		碳排放增速	–
		重点行业节能降碳成效	–
	大气污染物排放	大气颗粒物排放	–
		其他主要大气污染物排放	–
能源支撑背景	科技创新能力	创新主体规模	+
		研发投入强度	+
		专利产出水平	+
	资金要素保障	投资稳定性	+
		绿色金融发展水平	+

能源安全韧性一般指一个国家或地区保持能源供应的稳定性、可靠性和持续性的能力，它涉及能源供应的多元化、能源系统的抗冲击能力，以及在紧急情况下快速恢复的能力。立足重庆能源供需实际，结合相关基础数据的可得性、连续性，从能源供给多样性、能源消费安全两个维度对重庆能源安全韧性的状态进行表征。结合重庆能源生产结构及其演化特征，选择煤炭生产供应能力、电力生产供应能力、天然气生产供应能力 3 个三级指标来反映能源供给多样性；重庆一次能源资源相对匮乏，直辖以来，重庆能源供需格局发生明显变化，当前是西部地区唯一的能源净输入省份，选择能源依存度指标来反映能源消费安全。

能源经济性是评估能源系统可持续性的重要指标之一，它不仅关系到能源供应的稳定性和可靠性，也关系到能源对经济发展的支撑作用和对生态环境的影响。从全球能源革命实践看，成本因素是影响可再生能源替代化石能源进程的关键因素，而能源价格直接决定了能源获取的成本，因此选取可再生能源消费占比，以及电力、天然气、成品油等终端能源价格等指标来综合反映能源经济的发展态势。

环境可持续性是指在满足当前人类社会需求的同时，不损害未来世代满足其需求的能力，确保自然资源的合理利用和环境的长期健康。鉴于能源利用结构和效率与温室气体、大气污染物排放直接相关，对环境可持续性具有重要影响，在因果导向下，从能源清洁高效利用、能源运行系统脱碳、大气污染物排放等角度来反映重庆能源利用与环境可持续性的协调状态。

能源支撑背景反映地区综合创新能力、资金要素保障能力等对能源可持续发展的支撑作用，与地区经济发展水平紧密相关。当前，全球新一轮能源革命方兴未艾，大力发展可再生能源，推动能源绿色低碳转型已成为各国的重大战略方向和一致行动，同时将带来巨大的投资机会，能源科技创新已成为推动能源技术革命的关键引擎，相关绿色转型金融工具的支撑作用不断彰显。因此，本研究选择从科技创新能力和资金要素保障两个维度来反映重庆能源可持续发展的支撑背景。

五、指数合成

“双碳”背景下重庆能源可持续发展指数是在对能源安全韧性、能源经济性、环境可持续性、能源支撑背景四大维度下 20 个指标的相对重要性程度进行权衡基础上，通过加权综合的方式进行合成，该过程本质上属于多属性决策问题，通常包括指标权重分配和依托综合评价模型计算指数分值两个部分。

（一）指标权重分配

首先，参照世界能源理事会能源三难困境指数构建方法，为突出能源安全、能源经济性、环境可持续性三者的协调演进状态，同时也一定程度体现创新、资金等要素对全市能源可持续发展的支撑作用，针对“双碳”背景下重庆能源可持续发展指数指标体系中的能源安全韧性、能源经济性、环境可持续性、能源支撑背景四个维度，即一级指标，分别给予30%、30%、30%和10%的权重。其次，按照学界常用的做法，采用均等赋权法对20个三级指标分级进行权重分配，即认为层次内各指标相较于上一层次所对应的指标具有同等的重要性，最终权重分配结果如表2-10所示。

表2-10 “双碳”背景下重庆能源可持续发展指数各级指标权重

单层次权重						综合权重
维度	权重	二级指标	权重	三级指标	权重	
能源安全韧性	0.30	能源供给多样性	0.5	煤炭生产供应能力	0.33	0.0556
				电力生产供应能力	0.33	0.0556
				天然气生产供应能力	0.33	0.0556
		能源消费安全	0.5	能源依存度	1.0	0.1667
能源经济性	0.30	优质能源获取	0.5	可再生能源消费占比	1.0	0.1667
		能源终端价格	0.5	电力价格	0.33	0.0556
				天然气价格	0.33	0.0556
				成品油价格	0.33	0.0556
环境可持续性	0.30	能源清洁高效利用	0.33	煤炭消费占比	0.5	0.0556
				能源消费强度	0.5	0.0556
		能源运行系统脱碳	0.33	低碳发电占比	0.33	0.0370
				碳排放增速	0.33	0.0370
				重点行业节能降碳成效	0.33	0.0370
		大气污染物排放	0.33	大气颗粒物排放	0.5	0.0556
				其他主要大气污染物排放	0.5	0.0556
能源支撑背景	0.10	科技创新能力	0.5	创新主体规模	0.33	0.0167
				研发投入强度	0.33	0.0167
				专利产出水平	0.33	0.0167
		资金要素保障	0.5	投资稳定性	0.5	0.0250
				绿色金融发展水平	0.5	0.0250

（二）指数测度模型

本次研究选择改进后的功效系数法测度重庆能源可持续发展指数。功效系数法又称功效函数法，是用于解决多目标决策问题的一种常用研究方法，对于能源可持续发展指数测度具有较好的适应性。根据多目标规划原理，对所要评价的指标分别确定一个不允许值和一个满意值，以前者为下限、后者为上限，通过功效系数函数计算该指标的功效系数，在此基础上将单个指标的功效系数值进行加总，进而得到评价系统的总体功效系数值。计算公式如下：

$$G_k=\frac{x_k-x_{sk}}{x_{hk}-x_{sk}}\times40+60$$

式中，G_k为第 k 个指标的单项功效系数值；x_k为第 k（$k=1，2，\cdots，m$）个指标的实际值；x_{sk}为第 k 个指标的不允许值；x_{hk}为第 k 个指标的满意值。

为进一步提高指数的分辨度和可靠性，改进功效系数法在传统功效系数法基础上，将评价标准档次由满意值、不允许值两档次，改进为优秀值、良好值、平均值、较低值和较差值五个档次，并确定了相应的标准系数（见表 2-11）。此外，它将传统的功效系数法基础分和调整分固定的分配比重，调整为变动的分配比重，因而具有更高的灵敏度和准确性。改进后的公式为：

$$本档基础分=单项指标权重\times本档标准系数$$

$$上档基础分=单项指标权重\times上档标准系数$$

$$功效系数=\frac{该指标实际值-本档标准值}{上档标准值-本档标准值}$$

$$调整分=功效系数\times(上档基础分-本档基础分)$$

$$单项指标得分 = 本档基础分 + 调整分$$

$$综合得分 = \sum 单项指标得分$$

改进后的功效系数法评分档次和标准系数见表 2-11。

表 2-11　改进后的功效系数法评分档次和标准系数

评分标准档次	标准系数
实际值≥优秀值	1
实际值≥良好值	0.8
实际值≥平均值	0.6
实际值≥较低值	0.4
实际值≥较差值	0.2
实际值<较差值	0

实际测度过程中，对于“双碳”背景下重庆能源可持续发展指数所涉及的20个三级指标，采取单个指标的全国平均水平或行业平均水平作为其“平均值”的参考标准，并结合该指标的内涵和取值范围，通过设定一定的浮动比例，分别确定各指标的优秀值、良好值、平均值、较低值和较差值。

第四章　重庆能源可持续发展指数测度分析

一、数据来源及采集说明

（一）能源安全韧性指标

能源安全韧性指标包括能源供给多样性和能源消费安全两个二级指标，涵盖煤炭生产供应能力、电力生产供应能力、天然气生产供应能力和能源依存度等4个三级指标。

1. 能源供给多样性

煤炭生产供应能力。重庆煤炭对外依存度高，是全国结构性缺煤的主要地区之一。在重庆系统性关闭市内煤矿之前，全市煤炭生产以供应本地为主，故选择以当年煤炭生产量占煤炭消费量的比重来表征煤炭生产供应能力。2020年开始，重庆加速淘汰煤炭落后产能，全市国有煤矿整体关闭退出，退出产能约1150万吨，本地煤炭生产供应能力由此大幅削弱。

电力生产供应能力。长期以来，重庆电力供应主要依靠市内电源，故选择以当年电力生产量占电力可供量（消费量）的比值来表征全市电力生产供应能力。依据有关统计数据，2018—2023年，重庆电力生产量从793.9亿千瓦时逐步增加至1054.3亿千瓦时，占电力可供量的比重稳定在70%左右。

天然气生产供应能力。重庆为我国天然气产区，但天然气资源由国家统一调度平衡，主要由上游供气企业采取统调统销的方式进行全国气源调度。为此，选取当年重庆天然气产量占全国总产量的比重来表征重庆天然气生产供应能力。依据有关统计数据，2018—2023 年，重庆天然气产量由 106. 76 亿立方米稳步增加至 160. 24 亿立方米，占全国天然气的比重介于 6. 3%~6. 9%。

2. 能源消费安全

能源依存度。从国家层面看，能源依存度反映的是对外部能源资源的依赖程度，从省市层面看，由于资源禀赋和用能需求存在差异，包括重庆在内的部分地区需依赖其他省份的能源调入才能实现供需平衡，故选取重庆一次能源净调入量占一次能源消费总量的比重来表征能源依存度。依据有关统计数据测算，2018—2023 年，重庆能源依存度介于 60. 5%~74. 7%，总体呈波动上升趋势。

（二）能源经济性指标

能源经济性指标包括优质能源获取、能源终端价格两个二级指标，涉及可再生能源消费占比、电力价格、天然气价格、成品油价格等 4 个三级指标。

1. 优质能源获取

可再生能源消费占比。近年来，化石燃料价格不断上涨，尤其是疫情后能源需求的激增、能源绿色低碳转型进度加快、通胀压力和俄乌冲突等导致全球能源供应链深度调整，化石燃料价格居高不下，可再生能源的价格优势正逐步超过化石燃料，故选取水电、风电等一次电力消费的比重来表征重庆可再生能源消费水平。依据有关统计数据，2018—2023 年，重庆一次电力及其他能源消费占比介于 21. 0%~24. 1%，总体保持相对稳定状态。

2. 能源终端价格

电力价格。重庆电力终端销售价格包括居民生活用电、工商业及其他用电销售价格两大范畴，其中，居民生活电价多年保持稳定，而工商业作为重庆用电大户，电价经历了多次调整，且不同电压等级销售电价不同。

鉴于此，采用重庆工商业用户比例最高的电压等级（1～10 千伏）的历年加权销售电价变化趋势来反映重庆电价情况。测算显示，2018—2023 年，重庆一般工商业及其他用电价格同比增幅介于-9.06%～0.22%，呈稳中小幅上涨趋势。

天然气价格。从终端结算价格机制来看，重庆直供结算气价按照上游气源价格政策执行；城燃企业转供结算气价则执行地方政府最高限价，由价格部门根据上游气源价格政策等综合确定，实行居民用气和非居民用气差异定价。本研究选取历年采暖季、非采暖季中心城区城市天然气公共管网（含延伸部分）供应的非居民用气最高销售价格对当年重庆气价进行综合表征。测算显示，2018—2023 年，采暖季重庆非居民用气最高销售价格介于 2.14～3.10 元/$米^3$；非采暖季非居民用气最高销售价格介于 2.03～2.58 元/$米^3$，整体均呈现逐年升高趋势。

成品油价格。受原油开采及全球能源市场波动影响，国际油价变动频繁，就重庆而言，成品油价格每年经历约 20 次调整，鉴于此，选取当年重庆成品油最高销售价格的平均水平来反映全市成品油价格状态。测算显示，2018—2023 年，全市 92#汽油年度平均价格同比增幅介于-13.1%～17.9%，变化幅度相对较大。

（三）环境可持续性指标

环境可持续性指标包括能源清洁高效利用、能源运行系统脱碳、大气污染物排放 3 个二级指标，涉及煤炭消费占比、能源消费强度、低碳发电占比、碳排放增速、重点行业节能降碳成效、大气颗粒物排放和其他主要大气污染物排放等 7 个三级指标。

1. 能源清洁高效利用

能源清洁高效利用突出“清洁”和“高效”，推动能源结构低碳清洁转型和提高能源利用效率是实现能源清洁高效利用的客观要求，分别选取煤炭消费占比、能源消费强度来进行表征。

煤炭消费占比。依据有关统计数据整理发现，2018—2023 年，重庆煤炭消费量占能源消费总量的比重介于43.0%~47.4%，总体呈下降趋势。

能源消费强度。依据有关统计数据，重庆能源消费强度（单位GDP能源消费量）呈逐年下降趋势，从2018年的0.42吨标准煤/万元降至2023年的0.32吨标准煤/万元，年均降幅6.7%。

2. 能源运行系统脱碳

能源生产与利用结构对碳排放水平具有重要影响，重庆能源相关碳排放占全市碳排放总量约80%以上，且主要来自高耗能行业，故选取低碳发电占比、碳排放增速、重点行业节能降碳成效等指标对重庆能源运行系统脱碳状态进行综合表征。

低碳发电占比。重庆清洁电源以水电、风电和光伏发电等可再生能源发电为主。依据政府及行业机构公开数据整理发现，2018—2023年，重庆可再生能源发电量占电力生产总量的比重介于24.3%~35.6%，呈现先升后降的特征。

碳排放增速。依据CEADs（中国碳核算数据库）并结合IPCC碳排放因子对重庆碳排放水平测度显示，2018—2023年，重庆碳排放总量保持高位稳定，增速介于-2.8%~8.1%。

重点行业节能降碳成效。化学原料和化学制品制造业、黑色金属冶炼和压延加工业、有色金属冶炼和压延加工业、电力及热力生产和供应业等传统高耗能行业是重庆能耗和碳排放主体，依据有关统计数据，2018—2023年，重庆传统六大高耗能行业能耗总量从3406.1万吨标准煤逐步增至3979.0万吨标准煤，增速介于1.2%~7.5%。

3. 大气污染物排放

大气污染物排放与能源利用结构紧密相关，基本污染物主要包括$PM_{2.5}$、PM_{10}等大气颗粒物以及二氧化硫、二氧化氮等其他大气污染物。依据有关统计数据，2018—2023年，重庆$PM_{2.5}$、PM_{10}浓度波动变化，分别介于30~40微克/米^{3}和40~70微克/米^3，总体有所改善；二氧化硫浓度介于7~10微克/米^3；二氧化氮浓度由44微克/米^{3}逐步降至29微克/米^3。

（四）能源支撑背景指标

能源支撑背景指标包括科技创新能力和资金要素保障两个二级指标，涉及创新主体规模、研发投入强度、专利产出水平、投资稳定性、绿色金融发展水平等 5 个三级指标。

1. 科技创新能力

近年来，重庆科技创新能力不断增强，2023 年综合科技创新水平居全国第 8 位、西部第 1 位，特别是高新技术企业、科技型企业等创新主体数量快速增长，科技研发投入持续加大，对能源科技创新的支撑力不断增强。依据公开数据测算可知，2018—2023 年，重庆高新技术企业数量从 2430 家增加至 7565 家，占全国高新技术企业总数的比重从 1.41%稳步提升至约 1.9%，研发投入强度从 1.99%稳步提升至 2.45%，万人发明专利拥有量从 9.08 件逐步增至 19.98 件。

2. 资金要素保障

在推进能源绿色低碳转型和可持续发展过程中，政府财政资金引导和激励是不可或缺的政策工具，绿色金融的发展也将发挥极其重要的作用。依据公开数据整理发现，2018—2023 年，重庆能源工业投资增速介于-16.6%~30.0%，绿色贷款余额从不到 2000 亿元增加至 6800 亿元，占各类贷款余额的比重由约 4.9%上升至 12.0%，资金支撑作用不断增强。

二、指数年度测算（2018—2023）

基于各项指标的基础数据，采用基于改进的功效系数法所构建的“双碳”背景下重庆能源可持续发展指数测度模型，在结合采用主观赋权法和均等赋权法对各指标进行赋权的基础上，对 2018—2023 年重庆能源可持续发展指数值进行了测度分析。

指数测度过程主要包括三大步骤。首先，确定评价标准档次，依据“较差值”（0）与“优秀值”（1）分别确定六档评价区间，对具体单项指标而言，以该指标的全国平均水平或者行业平均水平为参考，对应设定不同评价区间的标准参考值；其次，求取单项指标得分，基于单项指标在特定时刻的实际值所处的档次区间，测算相应功效系数及本档基础分，并结合上档基础分求取调整分，加总得到该单项指标分值；最后，对单项指标分值进行求和加总，得到某年度重庆能源可持续发展指数的综合分值，以及能源安全韧性、能源经济性、环境可持续性、能源支撑背景等 4 个分项指数得分。最终结果如表 2-12 所示。

表 2-12 “双碳”背景下重庆能源可持续发展指数测算结果

评价指标	满分	指标得分					
		2018 年	2019 年	2020 年	2021 年	2022 年	2023 年
能源安全韧性	0.3	0.112	0.134	0.128	0.081	0.078	0.081
能源经济性	0.3	0.191	0.221	0.268	0.169	0.162	0.181
环境可持续性	0.3	0.162	0.199	0.211	0.192	0.188	0.198
能源支撑背景	0.1	0.016	0.039	0.050	0.040	0.064	0.072
综合得分	1.0	0.480	0.593	0.657	0.482	0.492	0.531

注：由于数据修约，存在分项与总项不等的情况。

三、指数分析与评价

（一）指数趋势描述及原因分析

从综合指数（满分为 1.0）来看，2018—2023 年，重庆能源可持续发展指数得分整体呈波动变化趋势，介于 0.480～0.657，整体处于“较低”到“良好”的状态区间，其中 2020 年以前指数得分整体呈上升趋势，但在 2021 年出现明显下滑后又缓慢上升，表明“双碳”背景下全市能源可持续发展的基础还有待巩固提升（见图 2-2）。

从分项指数看，2018—2023 年，重庆能源安全韧性、能源经济性、环境可持续性三大同等权重维度中，能源经济性、环境可持续性分指数值整体高于能源安全韧性分指数值。其中，能源安全韧性分指数（满分为 0.3）由 2018 年的 0.112 增至 2019 年的 0.134，后又逐渐降至 2021—2023 年期

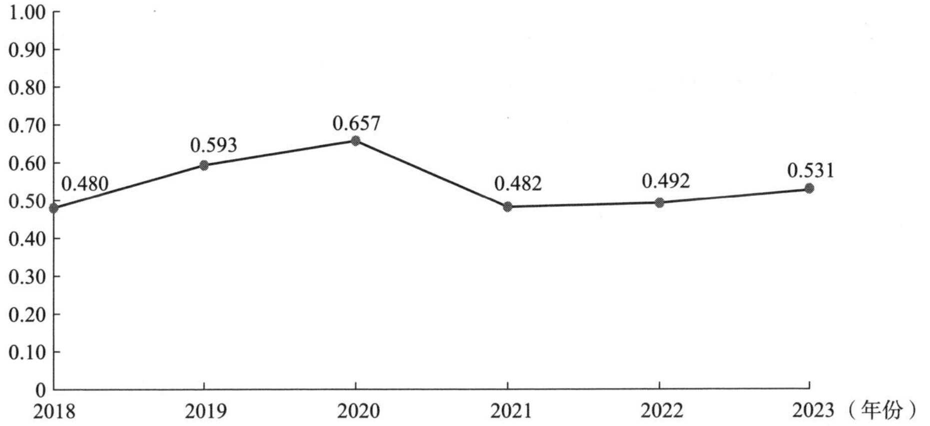

图 2-2 2018—2023 年“双碳”背景下重庆能源可持续发展指数

间的 0.08 左右水平，显示全市能源安全韧性状态呈先改善再弱化的发展趋势，能源安全韧性还须巩固提升；能源经济性分指数（满分为 0.3）从 2018 年的 0.191 增至 2020 年的 0.268，自 2021 年开始出现大幅下滑，指示 2021 年以来重庆终端用能成本在不断上升；环境可持续性分指数（满分为 0.3）从 2018 年的 0.162 逐步增至 2020 年的 0.211，后又回落至 2022 年的 0.188，2023 年回升至 0.198，指示全市能源利用结构和效率、能源碳排放和大气污染物排放状态波动较大，尚未实现持续性的改善。此外，能源支撑背景分指数（满分为 0.1）从 2018 年的 0.016 稳步增至 2023 年的 0.072，指示全市能源发展的科技、资金两大关键要素支撑能力不断提升（见图 2-3）。

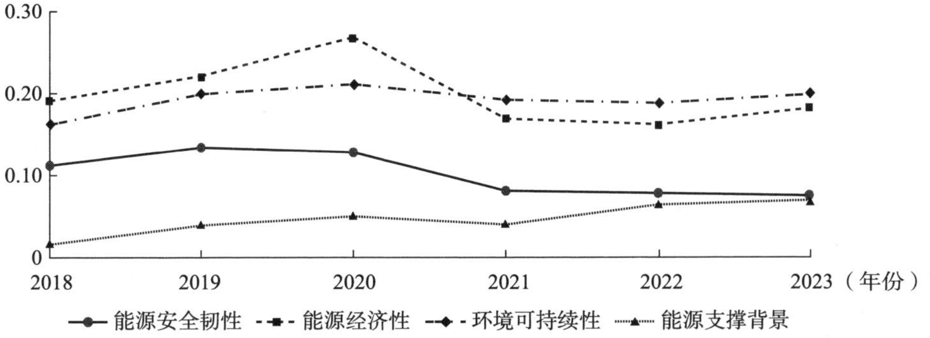

图 2-3 2018—2023 年“双碳”背景下重庆能源可持续发展指数分指数

（二）指数的科学性评价

从综合指数演变看，2018 年以来，“双碳”背景下重庆能源可持续发展指数“先升后降”趋势明显，总体得分多处于“较低值—平均值”，能源安全韧性、能源经济性和环境可持续性的状态均不够稳定，三者尚难以形成协同改善的发展格局。未来还需进一步完善能源可持续发展的顶层设计，强化政策供给落实，积极发挥市场机制作用，以推动全市能源高质量发展和保障“双碳”目标的顺利实现。

从分指数演变来看，能源安全韧性分指数自 2021 年下滑幅度加大，这与全市电力供给缺口增大、煤矿关停导致煤炭供应缺口大幅增加的背景相契合；能源经济性分指数自 2018 年表现出先升后降的演变趋势，尤其是 2021 年以来出现明显下滑，主要是气价、油价明显上升大幅拉高用能成本所致；环境可持续性分指数总体呈现小幅浮动变化特征，主要由于全市能源系统脱碳状态还不够稳定，对环境质量的促进作用还有待提升；能源支撑背景分指数总体呈现稳步上升势头，尤其是 2022 年以来提升较快，这得益于具有全国影响力的科技创新中心加快建设，全市综合创新能力稳步提升，加之国家绿色金融改革示范区建设、国家气候投融资试点等改革探索稳步推进，为完善绿色低碳科技创新体系创造了良好条件。

综合看来，“双碳”背景下重庆能源可持续发展指数立足“双碳”背景，重点从能源安全韧性、能源经济性、环境可持续性“困难三角”的角度探讨重庆能源可持续发展状态的演变情况，指数结果贴近重庆能源发展实际，较为科学、全面、客观地揭示了重庆能源响应“双碳”目标和实现可持续发展的进展状态，可进一步为重庆能源发展政策研究和制定提供科学参考和可靠依据。

第五章　有关重要工作建议

一、着力提升能源安全韧性

针对能源安全韧性分指数偏低的问题，着力加强能源资源供应保障能力建设。

一是增强电煤电力保供能力。巩固拓展电煤供给渠道，夯实陕渝能源战略合作，持续提升陕煤入渝规模，强化同晋疆黔等煤炭主产地政府部门、重点供煤企业沟通对接，搭建弥补全市电煤增量需求的重要渠道。全面落实电煤中长期合同政策，推动供煤企业序时履约、足额兑现。积极争取电煤运输运力优先保障，确保各来向运煤通道畅通。全力挖掘市内资源潜力，加快推进新增煤电、天然气发电、新能源等市内电源建设。积极融入全国统一电力市场建设，推动实现绿色优质电力资源跨区域灵活配置。

二是提升天然气供应保障能力。推动全市常规天然气稳产挖潜，页岩气增储上产，扩大天然气资源供应量。加强市内输气管道与上游供气企业气源管网的互联互通，进一步提升区域输气能力。深化同中石油、中石化战略合作，加强上游供气企业对重庆气源供应、输配调度等保障。推动川渝天然气一体化高质量发展，加强产量本地留存利用以及川渝间互济互保，共同提升气源保障能力。

三是加快能源储备调峰体系建设。优化全市储能项目布局，加快推进丰都栗子湾、云阳建全等抽水蓄能电站，推动新型储能在电源侧、电网侧、用户侧等多元化场景应用，促进新型储能与电力系统各环节融合发展。积极推进水、风、光、火、储一体化发展，促进多种能源互联互济、深度协同。加快推进铜锣峡、黄草峡、万顺场等百亿方级储气库群建设，加快提升天然气储备调峰能力。

二、降低综合用能成本

针对全市综合用能成本偏高的客观实际，结合能源经济性指数波动下降的演进特征，着力降低全市电力、天然气等能源要素成本。

一是推动降低用气成本。深化央地合作，完善页岩气利益共享机制，争取更多的气量留渝消纳，为全市经济社会发展提供有力的天然气保障。继续推进页岩气勘探开发混合所有制改革，最大限度留税留利留资源，积极争取上游开发企业给予产气区县更大力度的优惠气量支持。

二是着力降低用电成本。积极对接国家发展改革委、国家能源局以及三峡集团，确保增发电量足额入渝消纳。加快风、光新能源资源开发建设，科学合理确定发展目标，促进全市能源绿色转型。着力提升市外优质清洁能源入渝能力，加快推进“疆电入渝”、川渝特高压交流工程建设，推动更多优质四川水电、西北风光电入渝消纳。支持有关区县、企业发展分布式综合能源，助推降低用电成本。

三是完善以市场为导向的价格形成机制。深化电力、天然气等领域价格改革，持续完善差别电价、分时电价、阶梯电价、阶梯气价等价格机制，促进提升市场主体和居民节能积极性。积极推动本地电力现货市场建设，加强电力需求侧管理，逐步建立健全电力需求响应的市场化机制，引导节约、有序、合理用电。

三、改善重点领域能效

针对全市高耗能行业能耗增长过快、能效整体偏低的现实问题，进一步深挖钢铁、化工、有色、建材、煤电等高耗能行业节能潜力。

一是完善全市节能政策。切实落实国家针对有关高耗能行业的准入政策，坚定把好“两高”项目审批关，加强对在建、拟建、建成的高耗能项目开展评估检查。充分发挥节能标准对产业转型升级的倒逼作用，对标国家节能法律法规和强制性标准，拓展深化全市能效标准体系。创新能效管理监督方式，强化节能监督管理和诊断服务。

二是积极推动重点用能企业能效提升。探索通过“揭榜挂帅”“赛马”等机制，积极培育节能增效核心技术和关键环节。鼓励企业对标国内外先进能耗水平，加快推进技术工艺升级，引导大型用能企业加强用能系统优化、余热余压利用、可再生能源利用等，推动能效水平应提尽提。推动企业生产方式数字化转型，强化能源管控系统建设，提升企业能源供给与能耗监测预警能力。

三是深化市场化机制建设。发挥好市场机制对优化能源资源配置的关键作用，深化碳排放交易试点建设，做好与全国碳市场有效衔接，加强重点排放单位名单目录管理，不断完善碳排放权配额管理、抵消机制等交易制度建设，做好碳排放核查与碳配额清缴工作，着力提升重庆碳交易市场活跃度。

四、拓展指数研究应用价值

为进一步提升本指数研究的应用价值，需进一步完善构建更科学合理的能源可持续发展指数体系，强化成果应用，为全市能源可持续发展作出应有贡献。

拓展重庆能源评价指标维度。结合数据可获得性，从能源供给、能源消费、能源基础设施、能源市场、能源发展政策、节能减排、新能源、碳交易市场、重大项目进展等多个领域，遴选更能凸显能源高质量发展的代表性指标。各类数据分类汇总，加强后台监管与数据分析，清理数据冗余，整合零散数据，打通数据孤岛，统一数据口径。

打造重庆能源评价品牌产品。围绕构建现代能源体系、提高能源供给保障能力、加快能源绿色转型、有序推进“双碳”工作等有关领域，依托重庆能源可持续发展指数评价体系，以多角度大视野开展能源高质量发展研究，形成高质量研究成果，高效服务政府决策，打造业内知名能源评价品牌产品。

挖掘研究成果市场价值。加强与政府部门、高校、科研院所、企业及社会组织对接，促进能源行业信息交流，积极参与能源可持续发展及碳达峰碳中和领域相关政企圆桌会、国际学术报告会、国际论坛等重要活动，加强重庆高质量发展报告宣传推荐，同时掌握能源可持续发展前沿领域最新进展，加强热点问题研判，研究提出决策建议，持续优化重庆能源可持续发展指数评价。

专　论

专论一　碳中和背景下推动重庆能源绿色低碳转型的有关建议

内容提要：能源低碳转型发展是全球实现碳中和的重要抓手。当前我国能源转型不断深入，绿色低碳成为重要方向。然而，重庆可再生能源发展支撑较弱，主要用能部门源头减量不足、能效提升难度加大等问题突出，加大了全市能源转型和碳减排压力。建议：一是促进煤电清洁高效发展、统筹更多市内外清洁能源资源、不断优化电源电网结构，推动能源供给清洁替代；二是有序推进高耗能行业供给侧结构性改革、终端用能部门电气化率提升、先进脱碳技术推广应用，用好市场机制，推动能源消费结构持续优化；三是营造良好市场环境，加快天然气利用发展，促进高碳化石能源向零碳能源稳步过渡；四是加强前瞻性、战略性低碳技术创新，加快新能源产业布局，增强能源转型动力。

为应对全球气候危机，实现 2050 年全球二氧化碳净零排放目标，以可再生能源为主导的全球能源变革正凝聚新共识、形成新动力、进入新阶段。当前，各国开始纷纷制定能源转型战略，出台更加积极的低碳政策，绿色低碳成为全球能源转型发展的必然趋势，也是我国及重庆走新时代能源高质量发展之路的基本导向。我国 2060 年实现碳中和的承诺增强了全国能源绿色低碳转型的确定性预期，同时也压缩了能源转型的时间与空间。现阶段，我国正加速能源领域的新旧动能转换，《中华人民共和国国民经济和社会发展第十四个五年规划和 2035 年远景目标纲要》明确提出要推进能源革命，建设清洁低碳、安全高效的能源体系。重庆属资源相对匮乏的工业城市，化石能源消费占比较高，可再生能源发展支撑不足，在碳中和目标约束下，能源绿色低碳转型面临多重制约。在此背景下，如何把握全球能源变革趋势和应对全国能源供需格局变化，科学有序推进全市能源绿色低碳转型，值得深入研究。

一、重庆能源供给与消费情况

（一）能源生产结构不断改善，供应压力快速加大

一是能源生产更加清洁多元。重庆贫煤、富气、无油，属一次能源匮乏地区。“十三五”以来，全市一次能源生产总量年均增长 2.7%，其中原煤生产不断压缩、天然气和可再生能源电力生产稳步提升。2015—2019 年，全市煤炭产量年均下降 21.1%，天然气产量年均增长 13.5%，可再生能源发电量年均增长 7.4%，能源生产由原煤主导的单一格局，转变为原煤、天然气、可再生能源电力协同支撑的多元化格局。二是能源需求整体得到较好控制。“十三五”期间，受益于产业结构调整、技术进步、产能优化等因素，重庆能源消费总量维持高位低速增长态势，2020 年达到 8874.54 万吨标准煤，年均增长 2.8%，增速较“十二五”时期下降 3.7 个百分点。三是能源供需缺口快速增大。受资源禀赋约束，重庆能源供应整体不足，“十三五”以来，全市煤炭产能大幅削减，石油与电力消费稳步增长，推动能源供需缺口快速增大。2019 年，全市煤炭、石油和电力的供需缺口分别达 3851.51 万吨、976.48 万吨和 348.74 亿千瓦时，较 2015 年分别增长 55.0%、23.1%和 51.1%，年均分别增长 13.5%、5.4%和 11.4%。受煤炭产能全面关停、电力需求不断上升、能源供储设施尚不完善等因素影响，重庆短期内将面临较大的能源供应压力（见专论表 1-1）。

专论表 1-1　“十三五”时期重庆能源生产与消费增长情况

项目		2015 年	2019 年	年均增长（%）
煤炭（万吨）	生产	3561.83	1171.43	-21.1
	消费	6047.19	5022.94	-4.5
	供需缺口	-2485.36	-3851.51	13.5
石油（万吨）	生产	0	0	0
	消费	793.06	976.48	5.4
	供需缺口	-793.06	-976.48	5.4
天然气（亿立方米）	生产	69.31	110.53	13.5
	消费	88.37	100.37	3.3
	供需缺口	-19.06	—	—
电力（含火电与可再生能源电力）（亿千瓦时）	生产	644.64	811.45	6.0
	消费	875.37	1160.19	7.3
	供需缺口	-230.73	-348.74	11.4

数据来源：《中国能源统计年鉴》（2016—2020 年）。“-”表示能源消费量大于生产量。

（二）能源消费结构加速转换，能效水平不断提升

一是用能结构持续优化。“十三五”期间，重庆呈现以煤为主的多元化能源消费格局，煤炭消费比重不断下降，天然气消费比重持续提升，非化石能源消费比重保持稳定，能源消费结构更加清洁低碳。2020 年，全市一次能源消费中煤炭占比为 44.3%，大幅低于全国平均水平（56.8%），较 2015 年下降 7.8 个百分点；一次电力及其他能源占比为 24.1%，高出全国平均水平 8.2 个百分点（见专论表 1-2）。二是能耗强度下降明显。随着多项节能减排措施相继实施以及产业结构升级效应逐步显现，重庆能源利用效率不断提高。2020 年，全市每万元地区生产总值能源消费量（能耗强度）为 0.391 吨标准煤，低于全国平均水平约 20%，“十三五”期间累计降幅 19.4%，而全国 2016—2019 年能耗强度累计降幅仅 13.2%。三是工业用能更加低碳。重庆工业综合能源消费量占全市能源消费总量的比重超过 50%，“十三五”期间，随着产业内部结构优化大力推进，“煤改气”等政策深入实施推动工业清洁生产水平不断提升，工业用能更加低碳化。

2016—2019 年，全市煤炭消费中工业部门占比累计下降 12.7 个百分点；天然气消费中工业过程占比累计提升 17.2 个百分点；电力消费中工业用电比重逐步降至 58.3%，低于全国平均水平 9.3 个百分点，累计降幅 11.6 个百分点。

专论表 1-2　“十三五”时期重庆与全国能源消费结构演化情况

项目	2015 年		2020 年	
	重庆	全国	重庆	全国
煤炭占比（%）	52.1	63.8	44.3	56.8
石油占比（%）	13.2	18.4	15.8	18.9
天然气占比（%）	13.0	5.8	15.8	8.4
一次电力及其他能源占比（%）	21.7	12.0	24.1	15.9

数据来源：《中国能源统计年鉴》（2016—2023 年），《重庆统计年鉴》（2016—2021 年），国家统计局、国家能源局、重庆市统计局等相关资料。

二、重庆能源绿色低碳转型面临的主要问题

（一）可再生能源发展支撑不足，加大能源供给端清洁转型压力

重庆风能、太阳能等可再生能源资源禀赋较差，特高压输电通道缺乏，电力系统调节能力不强，制约着全市清洁能源长期稳定供给。一是可再生能源电力发展空间受限。受地理气候条件制约，重庆风电和光伏发展面临较强的资源禀赋约束，全市仅渝东南、渝东北局部区域风力满足发电项目要求，光伏规模化推广难度大。截至 2020 年底，重庆累计风电装机容量 98 万千瓦，居全国倒数第 6 位；累计光伏发电装机容量 67 万千瓦，居全国倒数第 2 位。为全面贯彻习近平生态文明思想，严格落实长江经济带生态环境保护，重庆已严控新建水电项目，全市现有水电装机进一步扩容受限。核电发展制约因素多、政策不确定性大，国家尚未放开内陆核电站建设，重庆中短期规划建设核电站可能性小。二是特高压输电通道建设滞后。重庆电网为典型受端电网，是国家西电东送主通道之一，但目前尚无特高压直流、交流落点，缺乏区域特高压环网布局，向家坝—上海±800

千伏、锦屏—苏南±800千伏、白鹤滩—江苏±800千伏三大西电东送特高压输电通道仅穿越重庆。与江苏、山东和上海等东部主要工业省市相比，重庆特高压输电通道建设落后，国家层面政策支持力度不够，现有输电通道数量紧缺、能级不高，已无法满足负荷中心远期不断增长的供电需求，清洁能源供应保障能力亟待提升。三是电力系统调节能力不足。近年来，重庆用电负荷特性和电源结构不断变化，全市最大用电负荷平均峰谷差超过40%，可再生能源装机与发电量占比逐步提高，2020年分别达到37.5%和35.6%，调峰需求日益增长。而当前全市储能系统配备不足，低谷调峰弃水现象时有发生，电力系统运行调节和调峰能力有待提升。

（二）主要用能部门节能增效难度加大，增加能源消费结构优化难度

当前，全市主要用能部门存在源头减量不足、能效持续提升制约较多等问题，加大了全市能源结构调整难度。一是高耗能行业能源消费源头减量不足。高耗能行业是重庆能源消费"主力军"，"十三五"时期，重庆规模以上五大高耗能行业（火电、钢铁、建材、有色、化工）能源消费约占全市总量的40%，并占全社会50%以上的碳排放。近年来，重庆积极淘汰高耗能行业过剩落后产能，同时在新建项目投产、重庆钢铁等大型用能企业设备提升和工艺优化带动下，产能释放与产能退出并存。受产品市场需求上升等影响，火电、钢铁和有色行业生产呈现明显增长态势，带动能源消费不断增长。"十三五"期间，全市五大高耗能行业比重稳中有升，2020年产值占规上工业总产值的20.5%，较2015年增加0.5个百分点，通过结构优化促进能源消费源头减量有待深入。二是工业能效水平持续提升压力加大。"十三五"期间，通过加快产业转型升级、积极推进工业节能降碳，重庆工业能效水平提升较为明显，单位规模工业增加值能耗累计下降16.6%，其中水泥、火电和钢铁等重点行业单位产品能耗已大幅下降，依托技术进步节能提效空间收窄。碳中和目标导向下，中短期将对能效持续提升有较大需求，《重庆市制造业高质量发展"十四五"规划（2021—2025年）》明确了单位规模工业增加值能耗累计下降16%

的约束目标，叠加当前工业终端用能方式电能替代不深、资源循环利用市场尚不成熟、结构调整难以一蹴而就等因素，加大全市工业持续节能增效压力。

三、相关建议

（一）不断优化电源电网结构，加速能源供给清洁替代

立足重庆实际，合理把握煤电短期地位，尽快提升清洁能源供应保障能力，不断优化电源电网结构，加快构建以新能源为主体的新型电力系统。一是促进煤电清洁高效发展。严控新增煤电产能，逐步减少煤电在全市电力供应中的占比。深入推进燃煤电厂节能与超低排放改造，推广示范高效发电技术和特殊煤种利用技术，进一步降低全市火电机组供电煤耗。二是加快完善市内外送受电通道。积极争取国家支持，尽快推进川渝特高压电网一体化、“疆电入渝”特高压直流工程建设，力争2025年实现“一交一直”两个特高压落点，初步形成川渝特高压环网布局，后续争取加快同西北清洁能源送端电网实现特高压交流联网，进一步增强中远期成渝负荷中心用电保障。同步完善优化市内500千伏电网主网架，提升重庆电网接纳和消纳能力。三是因地制宜提升本市可再生能源电力生产能力。统筹考虑资源条件、经济性、生态环保等因素，完善土地、生态红线、电力接入等规划体系与要素保障，在乌江、涪江等重点流域科学实施水电梯级开发，在渝东北、渝东南地区鼓励发展风电、光伏等可再生能源，在全市有序发展垃圾焚烧发电项目。四是积极推动电网侧储能和智能电网发展。科学推进抽水蓄能电站建设，不断完善全市电网侧储能布局，提高重庆电网削峰填谷、调频调相和事故备用能力，提升电力供应可靠性水平。加快完善智能输配电和智能用电端基础设施建设，充分发挥智能电网的调度作用，促进“源网荷储”协调互动，提升电力系统灵活性。

（二）深挖需求侧节能减碳潜力，促进能源消费结构持续优化

协同推进高耗能行业供给侧结构性改革、终端用能部门电气化率提

升、低碳新技术应用以及碳市场发展，深挖需求侧节能减碳潜力。一是近期深化高耗能行业供给侧结构性改革。严格落实能耗“双控”目标，坚决遏制高耗能高排放（“双高”）项目盲目发展，在保供稳价的基础上严控新增产能，推行减量化生产。完善约束机制、激励体系和配套政策，鼓励推广综合能源服务新业态，加大企业节能诊断服务和节能监察力度，提升能效管理的精细化水平。大力推广高效节能技术集成试点与示范应用，持续推进生产线节能改造和绿色化升级。强化工业固废管理，促进工业固废资源化利用更加标准化和规模化。二是中期加速三大终端用能部门电气化。加大绿色金融、专项资金等政策支持力度，降低企业清洁能源用能成本，稳步实施工业“煤改电”工程，加快推动工业企业转变用能方式。大力推广电动汽车、氢燃料电池汽车等新能源汽车，加速道路运输电气化，积极推动 LNG 动力船舶、电动船舶建造和改造，进一步完善港口岸电设施建设，打造长江经济带绿色航运发展示范区。积极推广先进热泵技术和电炊事技术，加大智能家电普及力度，依托建筑新型供配电技术推动建筑用电柔性调节，促进建筑行业整体能效和电气化率提升。三是远期注重低碳新技术推广应用。紧跟碳捕集与封存技术（CCS）迭代更新和成本变化，利用远达环保在碳捕集领域的先行试验经验，加快开展重庆二氧化碳地质封存潜力前瞻性研究。完善跨部门协调机制，积极推动 CCS 技术在电力、水泥等难脱碳部门中的试验示范和远期商业化推广。四是积极利用市场机制释放减碳潜力。充分发挥重庆碳交易试点的示范作用，借助全国碳市场联合建设机制安排，深化同中央和其他地方联建省市合作，不断完善碳排放权交易制度，打造具有重庆特色的地方碳市场，不断提升碳市场活跃度和开放度，推动钢铁、水泥、化工、有色等高耗能行业尽快纳入碳交易市场，倒逼全市相关企业碳减排并加快低碳转型步伐。

（三）加快天然气利用发展，充分发挥好过渡性作用

立足天然气的过渡能源属性，充分利用重庆的天然气资源优势，积极争取更多发展空间，在高碳化石能源向零碳能源过渡进程中发挥重要作

用。一是增强天然气供应保障能力。挖掘常规天然气田的增储上产潜力，发挥好涪陵国家级页岩气示范基地作用，推动渝西深层页岩气尽早实现商业化开采，建设川渝天然气千亿立方米产能基地。加快完善全市输气管网规划布局，加强储气设施建设，提升国家输气干线、市域管网、储气库配套管网和城镇燃气管网的互联互通水平。二是培育壮大天然气产业。积极利用成本优势，以分布式能源、车船应用、化工与原材料为重点方向，拓展延伸产业链条，提升天然气终端渗透率，降低高碳化石能源消费比重。利用气电具有的灵活性电源优势，积极发挥气电调峰作用，推动天然气调峰机组与抽水蓄能电站、煤电灵活性改造、电力需求侧响应和储能等供需措施的相互协同，提高全市电力系统的灵活性和可靠性。三是营造良好市场环境。以天然气价格改革为重点深入推进天然气体制机制改革，加强上中下游市场监管，强化土地、财税、科技创新等要素支撑，不断完善相关法律规范。依托重庆石油天然气交易中心的平台优势，推动油气交易平台创新发展，不断深化其在资源配置、价格发现等领域的基础性作用，激发天然气市场活力。

（四）加快推进低碳技术创新与新能源产业布局，强化能源转型动力支撑

加快建设能源科技创新载体，抢抓新能源产业发展机遇，推动具有前瞻性、战略性的低碳技术创新以及后端商业化应用，加速全市新能源产业布局。一是建设国家级能源科技创新平台。鼓励重庆能源领域优势企业、科研院所和高校申报国家能源研发中心和国家能源重点实验室等能源创新平台，在基础研究投入、关键技术攻关、国际合作、科技成果转化与应用示范等方面给予支持，力争在新型电力系统、新型储能技术、氢能及燃料电池技术、二氧化碳捕集与利用技术等领域形成多个突破点，打造能源科技创新高地。二是加快培育壮大新能源产业链。立足重庆新能源发展基础，在原材料、新能源生产与设备制造、新能源应用与储存等上中下游产业链加速布局，不断完善新能源产业体系。依托中国海装、三峰环境、重

庆ABB变压器有限公司、长安汽车等行业龙头企业的产品、技术和市场优势，强化要素保障，加大“头部”企业和配套企业引入力度，实施“建链”“补链”“强链”工程，争取在风电、垃圾焚烧发电、高压输电服务、新能源汽车等领域率先培育出数条优势产业链。前瞻规划布局制氢、储氢、加氢、用氢全产业链，积极利用氢能的原材料、能源和储能多重属性，推动氢能与可再生能源电力协同发展，助力远期打造净零排放能源系统。三是推动二氧化碳捕集、利用与封存（CCUS）等先进脱碳技术产业化发展。依托重庆现有碳捕集实验装置，完善配套支持政策，推进先进技术实验平台建设，推动碳捕集技术升级和技术主体集成，积极开展示范项目。前瞻探索“绿氢”与二氧化碳相结合制甲醇、超临界二氧化碳强化页岩气高效开发等二氧化碳综合利用产业，推动CCUS远期产业化发展。

易小光首席专家工作室　发展战略规划实验室

主　研：易小光　丁　瑶　余贵玲

李　权　李　俊

执　笔：李　俊

专论二　当前提升重庆电力要素保障能力的相关建议

内容提要：电力要素保障是关系重庆市经济社会发展的基础性、全局性、战略性问题。重庆电力自供能力不足，用电成本相对较高。在需求增长叠加极端天气影响下，预计2023年全市电力电量缺口将进一步增大，电力系统调节能力仍然不足，电力要素保障压力大。建议：一是优化电源结构、推进新型储能蓄能项目建设，增强本市电力自供能力；二是加快入渝输电通道建设，强化跨区跨省合作，扩大"外电入渝"规模；三是推动配电网升级改造，完善电网监测预警体系，加强应急备用电源管理，全面增强电力供应稳定性；四是完善电力市场价格形成机制，有序推动企业用电成本降低；五是强化组织领导，提升电力资源统筹管理能力。

电力是经济社会发展的基础和关键要素，电力要素保障的质效直接关系着经济社会运行效率，保电力就是保安全、促民生、稳经济。2022年夏天，川渝地区遭遇极端高温天气，电力供需严重失衡，经济社会发展受到较大冲击。2023年全市电力电量供需矛盾仍将存在，调研中不少企业对2023年用电形势深感担忧，不仅面临居高不下的用电成本，也存在度夏高峰时期被拉闸限电的风险，亟须尽快强化电力要素保障，多措并举增强市场主体信心。

一、重庆电力要素保障存在的困难和问题

（一）电力自供能力不足，电力电量缺口仍然较大

重庆电网是典型的受端电网，2017—2022年市外购电占全社会用电量

的比重持续保持在30%以上。在经济恢复性增长、降雨量偏少、气温偏高的预期下，2023年重庆仍将面临电力电量“双缺”的严峻挑战。一是迎峰度夏电力缺口将大幅扩大。综合考虑暑期高温、经济恢复等因素，预计2023年迎峰度夏期间全市电力最大需求负荷将突破3150万千瓦，较2022年最大需求负荷增长近10%。目前，全市发电装机规模仅2830万千瓦，火电、水电装机占比分别为62.7%、28.1%。国家气候中心预测西南地区夏季可能出现区域性气象干旱，水电出力将受到严重影响。综合来看，夏季最大电力缺口将超过550万千瓦，较2022年增长20%以上。二是全年电量供需失衡仍然存在。从发电量来看，考虑2023年火力发电设备利用小时数总体保持平稳增长态势，但由于降雨量减少全年水电装机设备平均利用小时数将大幅减少，结合“十四五”电力规划，2023—2025年全市新增装机规模将超过800万千瓦，平均来看2023年新增装机规模将在270万千瓦左右，综合预计2023年全市发电量约1090亿千瓦时。从需求量看，利用2011—2022年全社会用电量和地区生产总值的历史数据，建立全社会用电量和地区生产总值的回归模型：$Y=0.045X+207.6$（$R^2=0.9545$）。考虑2023年以来，疫情平稳转段、经济循环加快畅通、生产需求明显改善，全市经济总体呈现恢复性增长态势，政府工作报告将全年地区生产总值增长目标定为6%以上、争取实现更好的结果。预计2023年全年全社会用电量将超过1600亿千瓦时，全市全年用电量缺口将在510亿千瓦时左右，较2022年增长近17%。

（二）电网稳定可靠性不够，应急调峰抗风险能力不足

与东部发达地区相比，重庆电网建设相对薄弱，部分中心城区供电设施重满载情况较为突出，电力系统调峰能力、稳定可靠性不足。一是主城区变电站布点扩容困难多。随着城市快速发展，用电负荷迅速攀升，主城区尤其是核心商圈变电站重载运行，供电矛盾突出，电网运行安全风险较大。尤其是度夏期间，高温大电流容易引发设备过热、渗漏油等问题。但主城区核心商圈地下通道、轨道、管网等布局复杂，电网规划站点落地、通道协调、施工建设等问题多，变电站建设面临较大困难。二是电力系统调节能力不足。近年来，全市最大用电负荷平均峰谷差超过40%，居全国前列，峰谷电价差高达4.2∶1，调峰和储能需求巨大。但重庆以火电为主，火电机组启动和增加负荷较慢，水力、风力和光伏发电规模均较小，且无法支撑大规模集中开发，天然气发电也面临用气受限和气价较高等问题。全市现有电力调峰电厂装机规模和应急备用电源较少，抽水蓄能电站、新型储能等也都处于起步阶段，应急备用和调峰总容量低于全国平均水平，电力系统运行调节能力有待进一步增强。

（三）电价相对较高，企业用电成本居高不下

受资源禀赋约束，以火电为主的电源结构导致重庆电力价格总体偏高，工商业企业用电成本负担较重。数据显示，2023年3月重庆工商业代理购电价格为0.52元/千瓦时，在已经公布数据的28个省份中排名第7位、西部第1位，高于四川、贵州、陕西、云南等周边省份水平。调研中部分工业企业反映高峰期用电成本甚至超过1.1元/千瓦时，远高于周边省份平均水平。主要原因：一是发电成本上升。近年来，重庆火电占比均超过70%，2022年甚至达到了78.6%，而电煤供应几乎全靠市外采购，发电成本居高不下。一方面，受国际能源价格大涨和供应紧张等多重因素影响，煤炭价格总体呈现高位波动态势，推高了发电成本；另一方面，火力发电排放相对较大，“双碳”目标下环保成本不断升高。二是建设成本高和网损大导致输配电价偏高。重庆是典型的山城，地形高低悬殊，电网建设运维的安全和质量控制难度较大、建设成本较高。同时截至目前全市尚未建成特高压直流、交流落点，川渝1000千伏特高压交流工程、疆渝±800千伏特高压直流输电工程也仍在建设过程中，已建成在运行的电网网损水平相对较高，输电效率低，折损较大。

二、相关建议

（一）实施强基扩优，增强本市电力供应保障能力

一是积极推动煤电机组改造升级。对供电煤耗较高煤电机组实施节能

改造，加快推进重庆电厂环保迁建项目建设，合规煤电机组关停后应作为应急备用电源，加强燃煤电厂迎峰度夏电力调度管理。二是大力发展水电、光伏等清洁能源。根据来水情况适时优化调整市内主力水电站出库流量，全力提升水电顶峰能力。探索布局一批多能互补清洁能源基地，大力发展分布式光伏和屋顶光伏开发。提速天然气发电项目建设，大力推进两江燃机二期项目建设，确保永川港桥园区燃机热电联产项目赶在2023年用电高峰前建成投产。三是加快建设抽水蓄能电站和新型储能。加快推进綦江蟠龙抽水蓄能电站及配套送出工程建设，争取首台机组在2023年第三季度建成投产。因地制宜布局中小型抽水蓄能电站，支持风光储电站一体化发展，充分发挥抽水蓄能电站"削峰填谷"作用。积极探索虚拟电厂建设，构建智能控制终端和能量管理系统，提升电力供给效率。

（二）夯实合作基础，积极扩大外电入渝规模

一是加快推进外电入渝输电通道建设。加快推进长万线等卡口线路改造和维修工程，完成习孔线建设，打通电网"卡脖子"关键堵点。力争"十四五"期间建成川渝1000千伏特高压交流工程、疆渝±800千伏特高压直流输电工程等通道，切实提升外电入渝通道能力。二是加大市外来电增购力度。积极争取国家相关部委支持，通过省间现货交易、跨区域应急调度等方式，积极扩大三峡增发、四川水电外送、西北外送电等入渝规模，提高白鹤滩电站留川渝电量分配重庆比例；畅通西北、东北电送入渠道，加大蒙东、辽宁购电入渝规模，实现现货顶峰补缺，购电成本纳入全市电价盘子统筹。三是优化豫渝、浙渝电力置换方式。创新渝豫三峡电及渝浙三峡电、溪洛渡电跨流域置换交易方式，提升省际电力互济能力。

（三）突出升级改造，大力实施电力稳定供应提升行动

一是实施配电网升级改造三年行动。开展主城都市区特别是中心城区配电网负荷转移能力梳理和评估，积极打造"钻石型"配电网，加快重要区域供电开关站双侧电源改造。力争2023年末"两江四岸"核心区达到国际先进型城市配电网水平。二是完善电网全数字化监测和预警体系。应

用5G、无人机、机器人等技术手段，实施电网全方位数字化改造，提升电网监测防护能力，建成数字孪生电网，实现全天候无间断监测巡视。三是加强应急备用电源管理。科学认定和退出应急备用机组，做好设备维护和燃料供应保障。完善电力应急响应体系和电力设备在线监测系统，扎实做好大面积停电、自然灾害防范应对联合演练。四是抓好煤炭供应保障。加强与陕晋疆黔等煤炭主供省区对接，全力争取电煤资源优先支持，确保已签订的长协煤合同按时序足额履约，保障用电高峰期主力燃机电厂发电用能需求。

（四）突出改革作用，完善电力市场价格形成机制

一是完善电力价格形成机制。改革完善煤电价格市场化形成机制，有序推动工商业用户全部进入电力市场，完善电力交易市场双边协商、集中竞价、挂牌等交易品种，推进中长期与现货价格有效衔接。完善电网企业代理购电机制，禁止采取确定供需比等方式限制市场竞争和干预市场交易电价。强化电网输配电准许收入监管，推动电网企业输配电业务和购售电业务分开核算。二是进一步完善分时电价机制。优化完善一般工商业用电高峰期分时电价政策，扩大商业分时电价覆盖范围，拉大峰谷价差，引导工商业用户主动参与调峰、错峰，缓解高峰电力缺口。三是加强电力价格监测管理。借鉴四川经验，做好分时电价执行情况单独归集、单独反映，定期对分时电价执行情况进行评估，视情况对分时电价机制实施范围、时段、浮动比例等进行校核和动态调整。

（五）加强组织领导，增强全市电力资源统筹管理能力

一是加强组织领导。进一步健全全市电力供应保障组织领导体系，畅通对外电力合作机制，深化与外电入渝送端省份及周边地市电力战略合作，推动签订跨区域长期购售电协议，全力保障电力供应。二是强化市级统筹管理。进一步完善地方电网纳入全市统一数据监测、统一指挥调度、统一督促检查工作机制，增强统筹电网和地方电网协作能力，加强极端天气负荷管理应对准备，提高地方电网在高峰期向统筹电网增供电力规模。

三是强化资金保障。加大财政资金对能源保供、传统能源升级改造、清洁能源发展等扶持力度，通过引入产业基金等，拓宽电力多元化投融资渠道。四是健全评价体系。引入“赛马机制”，定期对各区县电力保供工作开展情况进行检查评估，并将评估结果与后续项目建设、计划安排和产能核定等挂钩，促进全市电力管理体系优化创新发展。

主　研：易小光　丁　瑶　余贵玲　罗丛生
陈　可　贺诗倪　赵　飞　成秋明
执　笔：贺诗倪　成秋明

专论三　深化川渝合作，进一步推进川渝天然气行业一体化高质量发展

内容提要：天然气是承接高碳燃料有序退出的重要补位能源，对保障能源安全和推动能源绿色低碳转型具有独特作用。川渝地区天然气资源优势突出、储运体系较完备、下游利用市场较成熟，具备一体化高质量发展的基础和潜力，但同时也面临协同机制不健全、供应保障能力不强、部分下游利用产业发展效能不高、市场配置及补偿机制创新不足等问题和挑战。建议：一是强化天然气勘探开发、加快补齐自有储气调峰能力短板，巩固提升天然气供应保障能力；二是更好发挥气电调峰作用、联合打造具有国际竞争力的天然气化工新材料产业集群，提升下游产业发展效能；三是活跃天然气交易市场、完善利益协调机制，持续激发市场活力。

统筹推进能源安全与绿色低碳转型已成为新时代我国能源高质量发展的重要主题，天然气作为相对低碳、清洁、灵活的化石能源正迎来更大发展空间。川渝地区天然气资源富集，是我国天然气增储上产的重要区域，长期以来在保障全国天然气供应中发挥了“压舱石”作用，为国家能源结构调整作出了重要贡献。两地正着力推动成渝地区双城经济圈建设，共同推进能源一体化发展，联手打造总投资 7100 亿元的天然气千亿立方米产能基地，有利于为两地天然气全产业链发展创造更好条件。为此，积极推进两地天然气行业一体化高质量发展，为保障国家能源安全、促进区域经济增长和实现“双碳”目标贡献更多川渝力量，值得高度关注。

一、川渝天然气行业高质量发展基础

（一）资源优势较突出

一是川渝地区天然气资源开发潜力大（见专论表 3-1）。川渝地区所处的四川盆地天然气（含页岩气）总资源量达 40 万亿立方米，约占全国总资源量的 1/3，其中技术可开发量近 10 万亿立方米，经济可开发量约 5 万亿立方米。盆地内天然气资源目前探明率仅 15%左右，随着勘探开发工作向新区、新层系、新类型领域纵深推进，天然气资源开发潜力有望进一步加快释放。

专论表 3-1 川渝地区主要气田及其探明地质储量

气田名称	所在地	已探明地质储量规模（亿立方米）	备注
安岳气田	四川	>10000	截至 2021 年底
川南中浅层页岩气田	四川	>10000	
川中蓬莱气区	四川	有望达 10000	
普光气田	四川	4349.0	
元坝气田	四川	3030.0	
涪陵页岩气田	重庆	8975.2	截至 2022 年底
綦江页岩气田	重庆	1459.7	

二是川渝地区已成为全国天然气生产的中坚力量。2022 年，川渝天然气（含页岩气）产量合计超过 660 亿立方米，较上年增产约 30 亿立方米，产量、增产量均占全国的 30%左右。其中，四川、重庆天然气（含页岩气）产量分别达到 513.4 亿立方米、148.8 亿立方米，同比分别增长 6.1%、6.6%。两地全年页岩气产量近 240 亿立方米，其中，中石油川南页岩气产量占全国页岩气产量的 50%以上，中石化涪陵页岩气田产气 71.96 亿立方米，同比增长 0.4%。

（二）储运体系较完善

一是全国天然气输配网络区域枢纽初步形成。川渝管网系统是全国较为健全的大型区域性环形输气管网系统，总里程超过5000千米，综合输配气能力超过300亿立方米/年，并通过中贵线（宁夏中卫—贵州贵阳）、忠武线（重庆忠县—湖北武汉）与全国骨干管网系统连通。随着“川气东送”管道年输气能力提升至170亿立方米，“川气出川”通道的输送能力进一步提升。截至2022年底，四川、重庆分别累计外输天然气超1000亿立方米、300亿立方米。

二是储气调峰与应急保供能力较强并将不断提升。西南地区首座、全国日采气量最大的重庆相国寺地下储气库于2014年开始调峰采气，设计库容42.6亿立方米，应急调峰最大日采气量可达2855万立方米，单期调峰能力超过23亿立方米，成功开启川渝、全国管网双向调峰保供。两地目前正携手打造百亿立方米储气库群，规划新建铜锣峡、黄草峡、万顺场、牟家坪、老翁场等地下储气库，至2025年有望实现50亿立方米工作气量，将为两地及部分周边省市天然气季节调峰与应急保供需求提供有力支撑。

（三）下游利用市场较成熟

一是天然气消费总量与比重居全国前列。2021年，川渝地区天然气消费量达391.7亿立方米，同比增长10.3%，约占全国天然气消费总量的10%。其中四川、重庆天然气消费量分别为268.0亿立方米和123.7亿立方米，分别居全国第3位和第11位，占一次能源消费的比重分别为16.7%和18.9%，大幅高于8.9%的全国平均水平。“双碳”目标导向下，两地天然气中短期市场需求依旧强劲，四川、重庆分别提出到2025年，天然气在一次能源消费中的占比将进一步提升至19%和20%。

二是天然气化工产业发展势头良好。川渝地区是全国重要的天然气化工生产基地，已形成较为完整的天然气化工产业体系，“十三五”末天然气化工产业用气量约占全国天然气化工用气总量的23%。2021年，四川以天然气为主要原料的一二次加工业产值达到1000亿元，天然气化工全产业链产值规模近3000亿元，在全国处于领先地位。“十三五”期间，重庆以天然气化工为主体的化工产业实现产值 896 亿元，年均增长 7.3%，构建起聚氨酯、聚酰胺等合成材料产业链，建成全球最大己二酸生产基地。

（四）技术与装备积淀深厚

川渝地区拥有一批全国一流高等院校、科研机构和科技型企业，在天然气勘探开发、天然气化工新材料、天然气发电等领域集聚了多家国家重点实验室、国家级工程技术研究中心等重要科研平台，具备全国领先的技术研发优势和装备制造能力。如川渝多项页岩气开发关键技术达到国际先进水平，具备天然气（页岩气）勘探开发全部工程装备制造能力和全国一流燃机发电成套装备制造能力，部分天然气化工技术、工艺和装置国内外领先①。

专论专栏 3-1　川渝天然气相关领域部分重点研发平台（省部级以上）

一、天然气勘探开发领域

煤矿灾害动力学与控制国家重点实验室（重庆大学）：前瞻提出“超临界二氧化碳强化非常规天然气高效开发与地质封存一体化”技术，对提高页岩气采收率、有效节约水资源具有重要意义，并为我国二氧化碳规模化封存提供新选择。

油气藏地质及开发工程国家重点实验室（西南石油大学、成都理工大学）：成盆成藏动力学研究促进了四川盆地海相碳酸盐岩天然气理论创新与特大型气田战略发现，引领、推动了我国钻井液技术和欠平衡钻井技术的发展，储层保护学科持续保持国内领先地位。

页岩气勘探开发国家地方联合工程研究中心（重庆地质矿产研究院）：提出了重庆地区页岩气选区标准，形成了重庆地区常压页岩储层钻完井、压裂、排采及产能评价关键技术，推动了渝西区块页岩气勘探突破。

---

① 天然气制乙炔技术国际领先，天然气制二甲醚技术、氟橡胶产品质量达到国际先进水平，甲烷氯化物制有机氟技术国内领先。

二、天然气化工新材料领域

高分子材料工程国家重点实验（四川大学）：突破了国外在石油聚乙烯、聚丙烯大装置等方面的专利技术限制，成功研发专有聚合技术，开发出了高附加值专用树脂。

工业排放气综合利用国家重点实验室、国家碳一化学工程技术研究中心（西南化工研究设计院）：变压吸附技术全球领先，开发出煤和天然气制备甲醇、醋酸、二甲醚等大宗化学品新技术、新工艺，开发出天然气提氦、提氩的变压吸附工艺技术，打破了欧美公司在气体分离、有机合成领域工艺技术和催化剂产品的垄断地位。

国家有机硅工程技术研究中心、国家受力结构工程塑料工程技术研究中心（中蓝晨光化工研究设计院）：在有机硅、工程塑料、特种纤维及特种氟材料等领域长期处于国内领先水平，率先在国内研发出了众多关键技术和产品，是中国高分子材料行业的领导者。

挥发性有机物污染控制材料与技术国家工程实验室（成都）（中国科学院成都有机化学有限公司）：在高端催化剂领域具有技术优势，围绕天然气转化、基础化工原料、高分子单体合成、精细化学品制备和环境催化等领域，形成了多项大宗化工催化剂的国产化替代和新型催化过程的开发，经济和社会效益巨大。

（五）体制改革创新效应初显

重庆是国家油气体制改革综合试点城市之一，建成运行全国第二个国家级油气交易平台——重庆石油天然气交易中心，实现管道气、LNG、LPG、成品油等现货油气产品常态化交易，还成立了全国首家混合所有制天然气地下储气设施运营管理企业，通过混合所有制改革探索储气库独立运营模式。央地合资合作开发天然气（页岩气）方面也取得一定突破，国内首个央地合作页岩气开发公司和首个央地合资常规天然气开发公司均诞生于四川，“十三五”期间，四川 7 家相关合资公司累计纳税 88.3 亿元、地方累计分得股利 9.2 亿元。

二、川渝天然气行业高质量发展面临的问题和挑战

（一）供应保障能力有待进一步提升

一是天然气稳定增储上产难度加大。老气田是四川盆地天然气生产的“压舱石”，但以川东石炭系为代表的主力气藏多数已跨入开发中后期，产量递减加快，气井稳产能力变差，老井维护难度加大，开发成本上升。四川盆地超深层天然气、深层页岩气资源丰富，是未来增储上产主阵地，但受地质条件、技术设备及经济性等因素制约，目前探明率较低，开发建设难度大、风险高。

二是自有储气调峰能力较薄弱。受投资主体单一、调峰保供责任划分不明、市场化运营模式不健全等影响，川渝及全国地下储气库建设总体滞后。川渝目前地下储气库工作气量仅占天然气消费量的 6%左右①，虽高于 3%左右的全国平均水平，但与 12%～15%的世界平均水平差距较大。当前唯一投运的相国寺地下储气库定位为全国性季节调峰、事故应急和战略储备，地方政府并无相关调度权和优先使用权，加之两地城市燃气企业建成投用的高压球罐、LNG 储罐等储气设施主要承担城镇燃气日调峰和小时调峰任务，无法满足季节性调峰需求，导致川渝地区当前天然气季节性供需矛盾较为突出。

（二）部分下游利用产业发展效能有待进一步提升

一是气电调峰作用发挥不足。四川水电装机比重大②，水电出力与用电负荷存在结构性错配，受极端气候影响易导致电力供需严重失衡，配置一定比例的气电调峰电源十分必要。由于需保障北方冬季供暖用气需求，川渝天然气管网冬季输送压力大，加之本地配套储气能力不足，导致川渝

① 根据国际经验，地下储气库工作气量一般不能低于天然气总消费量 10%的红线，否则将不足以应对极寒天气、进口波动、需求激增等突发事件下调峰保供面临的严峻挑战。

② 2021 年末，四川水力发电装机容量达 8947.0 万千瓦，占电力装机总量的比重超 77%。

天然气电站冬季用气紧张问题突出，外加两地现行政策下燃气发电机组相较传统火电机组尚无价格优势，进一步制约两地气电发展。截至 2021 年底，四川、重庆燃机发电装机容量分别仅 96.0 万千瓦、93.4 万千瓦，占全省（市）电力装机规模的比例分别不到 1%和 4%，低于全国平均水平（>4%），更低于全球水平（>20%）。

二是天然气化工高质化、精细化发展不足。当前川渝地区天然气化工以基础化工为主，主要产品为尿素、甲醇、三聚氰胺等，多应用于农业化肥、建筑等行业。受烯烃、芳烃等基础原料供给能力有限，高附加值产品生产工艺路线建设不足等影响，川渝地区天然气化工产业链整体处于低端，精细化程度不高，难以满足两地汽车、电子等行业对高端化工产品的需求，细分行业在国内外的竞争力有待进一步提升。

（三）天然气市场配置及利益协调机制有待进一步完善

一是天然气交易市场还不够活跃。受平台交易上游主体流动性不足、储输服务与商品流转衔接机制不畅、资源线下渠道配置占比过大等因素影响，重庆石油天然气交易中心作为国家级能源交易平台，在资源配置、价格发现等方面的基础功能尚未得到充分发挥，交易量不高。从 2018 年 4 月启动交易至 2022 年底，重庆石油天然气交易中心累计成交天然气 1015 亿立方米，仅相当于上海油气交易中心一年交易量规模（2022 年为 928.6 亿立方米）。

二是资源地供气倾斜支持机制有待完善。随着国家油气体制改革不断深入，近年来天然气资源向价格承受能力强的发达地区配置呈上升态势。2021 年，四川、重庆城市天然气用气户数分别居全国第 3 位和第 8 位，用气人口分别居全国第 4 位和第 12 位，但用气总量却分别居全国第 6 位和第 14 位。川渝地区天然气上游市场主体偏少，仍以中石油、中石化两大央企为主导，竞争程度有限。两地虽已组建多家央地合资常规天然气和页岩气公司，但现有合作机制创新推广不足，在国家放开页岩气价格的背景下，资源开发企业响应资源地“留气”诉求的动力不足，川渝本地合同用气足额保障难度偏大。

三、对策建议

（一）提升天然气供应保障能力

一是“稳”“增”并重强化天然气勘探开发。精准高效挖潜两地老区老井，精细勘探、开发和管理工作，强化新工艺新技术试验评价、推广应用和效果跟踪，着力提高老气田采收率。聚焦超深层常规天然气、深层页岩气和致密气，加大新区目标层系勘探力度，持续开拓规模增储新阵地，加强关键核心技术攻关，统筹做好勘探开发高效衔接，加快新区产能建设进度。

二是加快补齐储气调峰短板。加快推进川渝储气库（群）建设，加强项目调度保障，着力提升两地储气调峰设施规模。总结储气设施建设领域混改先行探索经验，积极推动地下储气库投资主体多元化，进一步创新运营管理机制，建立健全储气库独立运营模式及储气服务市场化交易机制。加强气源、库容/罐容、管输能力三方资源统筹，积极推动调峰储气设施公平准入，提高设施互联互通水平。强化政企协同，健全政府储备与供气企业、城镇燃气企业和大用户等企业社会责任储备结合互补的多层次储备调峰体系。探索完善需求侧管理机制，积极发挥终端用户调峰能力。

（二）提质天然气下游利用产业

一是更好发挥气电调峰作用。鼓励油企电企深度合作，在成渝都市圈负荷中心地区有序发展燃机发电项目与燃机热电联产项目。引导发电企业结合两地电力负荷需求与气源设施分布做好电站选址工作，推动石油企业在满足西气东输和中心城市用气需求外，结合天然气电站等用气大户的需求提前做好资源储备与合理调配。加快推进电价市场化改革，进一步完善燃机发电两部制电价、气电价格联动和电力市场交易参与机制，努力提高天然气发电机组经济效益。

二是联合打造具有国际竞争力的天然气化工新材料产业集群。围绕国家产业战略备份，积极争取国家支持，依托两地天然气资源优化天然气制烯烃产能布局，提升有机化工原料自给能力。以两地重点化工园区为依托，共建天然气精细化工与新材料产业合作示范区，围绕锂电溶剂、高性能氨纶、生物可降解塑料等高附加值产品，补齐做强 BDO-BGL-NMP、BDO-PTMEG/PBAT 等产业链。紧跟国内外以及本地高端合成材料市场需求，联合争取重大天然气化工项目在川渝优先布局建设，打造成渝地区双城经济圈天然气化工新材料就地高效转化利用基地。充分发挥川维化工、万华化学、巴斯夫等国内外行业头部企业的带动作用，协同开展精细化工产业链招商，主动承接东部优质化工企业转移，推动更多精细化工重点企业入川入渝发展。

（三）加强天然气市场配置与利益协调机制创新

一是活跃天然气市场化交易。发挥好川渝天然气生产地、消费地、管网枢纽地和金融高地“四地合一”优势，不断丰富重庆石油天然气交易中心现货交易品种与交易形式，满足差异化交易需求，稳步提升交易规模。巩固现有成熟交易，推动合同外用气竞拍、LNG 工厂原料气、合同内预售及流转等已形成较强市场影响力的交易增量扩面。在挂牌、竞价、中远期仓单及二次转让等交易方式基础上加强创新，深化储气服务等新领域交易业务研究与实践，更好发挥交易平台资源配置与价格形成的标杆作用。

三是完善资源地天然气倾斜配置机制。围绕川渝地区特殊的天然气产输销一体化运营管理体制和机制，积极争取国家政策倾斜，强化地企对接，持续完善地企天然气（页岩气）开发后端利益增值共享机制。重点支持天然气多元化、混合所有制开发，积极推动管网设施公平准入，在落实全国天然气保障供应任务的前提下鼓励加大川渝资源产地供气倾斜支持力度，合理增加留存气量，落地落实低于天然气基准门站价格执行留存气价、降低基准门站价格上浮比例等价格优惠政策，保障两地重大项目合同用气需求，更好促进资源地经济社会发展。

易小光首席专家工作室　发展战略规划实验室
主　研：易小光　丁　瑶　余贵玲
　　　　李　霞　李　俊
执　笔：李　俊

专论四　加快建设重庆新型电力系统的有关建议

内容提要：保障电力供应事关重庆能源安全、经济社会发展和民生福祉。重庆受电力自给能力不足、供给通道承载能力有限、储能产业发展支撑能力较弱、用电结构变化和峰谷差明显等影响，电力供应和调节等方面还存在较多问题，电力安全供应形势严峻，绿色低碳转型困难。为此，建议从四个方面加强新型电力系统建设：一是强化“内增外引”提质增量，推动水电、火电、风电、光电多能互补，强化疆电等外电和电煤入渝通道建设，构建多源多向电力保障新体系；二是统筹源网荷储协同发展，通过源源互补、源网协调、源网荷储互动等多种交互形式，提高电力系统灵活互动能力；三是推进“绿色低碳”生产消费，支持“新能源+”“储能+”发展模式，改造节电设施和推广节电产品，培养节约用电习惯；四是完善“体制机制”保障发展，构建开放有序的市场机制、“规划—建设—运维”协同机制、多方协同共建的可持续发展机制，为打造新型电力系统增添活力。

电力是重庆经济社会发展的“压舱石”。由于市内生产电量不足、供给通道承载力有限、电力消费快速增长，重庆电力供需长期失衡，现有电力供给系统已不能完全满足重庆经济社会高质量发展的需要。在实现碳达峰碳中和目标前提下，建设清洁低碳、安全充裕、经济高效、供需协同、灵活智能的新型电力系统势在必行。

一、重庆电力保供和转型存在的问题及原因

2022年，重庆电力生产弹性系数和电力消费弹性系数分别为0.25、

1.83，呈现电力生产增速慢于国民经济增速、电力消费增速快于国民经济增速，且电力消费增速快于电力生产增速的特点。重庆作为电力受入省份，依靠外电格局长期存在，电力供需矛盾十分突出，绿色低碳转型困难。

（一）电力自给能力不足，清洁电力占比不高

受资源禀赋的限制，市内生产和市外调入电量比例长期在 7∶3 左右，全市电力不能自给自足，清洁电力生产量不到生产总量的 25%。一是电力自给能力不足以匹配负荷增长。“十三五”以来，市内生产量和外电调入量分别增长 54.79%和 67.99%，年平均增速分别为 6.44%和 7.69%，外电调入量增速长期快于市内生产量增速，随着经济社会的不断发展，重庆市依靠外电的格局将会长期存在。二是火电仍是重庆电力生产的主力。市内水电、火电、风电（含其他发电）电量分别占生产总电量的 20.35%、75.68%、3.97%。三是水电开发殆尽，风电、光电①生产量微。适合水电发展的区域已开发 80%左右，其中日周调节电厂占比 60%，季调节及以上仅占 40%，呈现可开发量小、已开发程度高、调节性能差的特点，已无开发潜力。重庆属于第Ⅳ类风能区和第Ⅳ类光照资源区，风光资源禀赋全国最差。2022 年，全市风电、光伏年均利用小时数分别为 1874 小时、803 小时，较全国平均水平分别低 347 小时、534 小时，发电量不足生产总电量的 4%。

（二）供给通道承载能力有限，电煤电力入渝困难较多

受省际受电、运煤通道不足的限制，全市电力保供面临外电入渝困难和电煤供应紧张的局面。一是电煤运输保障难度大。2021 年关闭了全市所有煤矿，目前火电发电用煤全靠外调，2023 年全市仅主力火电厂购煤 2759.26 万吨，同比增长 14.74%，日均铁路运力需求 22 列以上，电煤保障依赖市外的形势不容乐观。其主要原因是入渝电煤运输距离越来越远和运输时间延长，最长运输距离约 4700 千米，最长运输周期约 50 天；“北

① 本文“光电”特指光伏发电。

煤南调”数量逐年增大，其中铁路运输、公路运输和海进江分别占比63%、28%和9%；加上周边省份挤占运力，如遇铁路沿线冰雪、洪水等自然灾害，电煤入渝更加困难。二是入渝电源及通道严重不足。重庆现有输电通道已不足以承载更多外来电源，不能满足中长期发展所需要的稳定、大规模外电入渝通道；加之各省市对清洁电源、输电通道争夺日趋激烈，外部清洁电力入渝困难。

（三）用电结构和峰谷差特征明显，供需匹配难以平衡

重庆年均峰谷差率接近40%，最大峰谷差率超过50%，高于全国平均水平1倍以上，电力供需匹配失衡矛盾突出。一是商业、居民空调负荷快速增长导致峰谷差大。“十三五”以来全市工业和建筑业用电量占比下降了11.28个百分点，平均增速（4.2%）低于经济增速2.4个百分点；而服务业（含交通运输、仓储和邮政业，批发、零售业和住宿、餐饮业，其他行业和生活消费）用电量占比增加了10.98个百分点，年均增速11.48%，高于经济增速4.88个百分点，商业、居民空调负荷的快速增长导致夏季最大降温负荷占用电负荷比重约50%。二是源荷逆向分布特征明显，区域供需不平衡。全市“一区”“两群”用电负荷占比约为8∶2，而电源装机规模占比约为5∶5，源荷逆向分布，“一区”“两群”供需倒挂，导致电力调度困难。三是新能源出力与负荷需求不匹配，局部区域新能源供需空间错位。上午11时和晚上8时左右分别是两个负荷高峰，风电、光伏发电站分别在凌晨、中午出力较大，出力时段分布与用电负荷存在较大差异。同时，“极热无风”“极寒无光”等天气，也导致出力波动，风光出力与负荷曲线不匹配的矛盾日益突出。城口、巫溪、丰都、石柱和酉阳等县风、光资源相对丰富，新能源开发速度远远超过当地负荷增长速度及电网承载能力，消纳困难局面已经显现，新能源发电与负荷需求存在空间错位。如2022年城口和石柱两县外送其他区域消纳电量32.6亿千瓦时，占总发电量的69.96%（见专论图4-1）。虽然巫溪、丰都和酉阳三县年发电量比用电量少，但在丰水期及风电大出力时刻，片区内220千伏主变 20%～63%的时间处于上网状态。

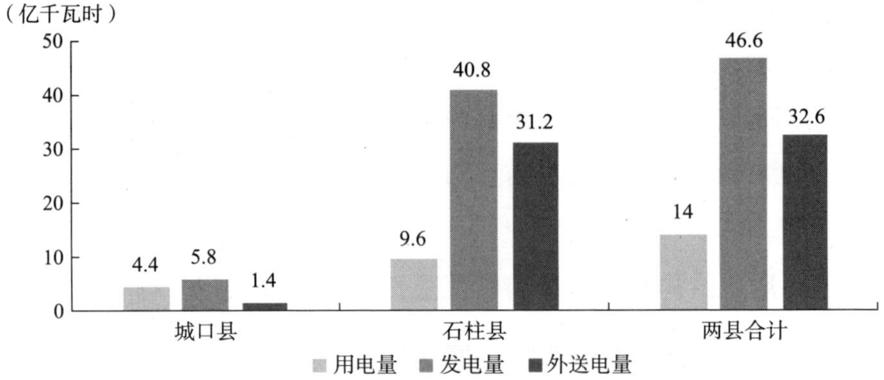

专论图 4-1　2022 年城口县、石柱县外送电量

（四）储能产业发展支撑力较弱，电力调节能力较弱

当前，重庆储能产业发展还处于起步阶段，在 2019 年以来全球储能产业增速放缓背景下，重庆储能产业发展的支撑能力总体还较弱，导致全市电力调节能力短期内难以大幅提升。一是产业发展政策支持力度不够大。目前，仅有两江新区、西部科学城重庆高新区、铜梁区等地出台了专项支持政策，市级层面尚未专门出台针对储能产业发展的规划和实施意见。二是商业盈利模式尚未建立。无差别化的独立储能和新能源配储政策，尚不能激发市场活力。现有的储能项目主要以峰谷套利和政府补贴作为收入来源，政府补贴不会长期存在，而峰谷套利需要以价差和调用次数作为条件，市场化运行的动力还不足。三是技术支撑能力还不强。目前，不管是规模化后储能技术自身的安全性与能量密度，还是灾害发生后由储能配置引发次生灾害的可能性，已有的各项储能技术尚未达到承担超大规模能源战略储备的水平。

二、建设新型电力系统的有关建议

在实现碳达峰碳中和目标前提下，重庆应围绕电力安全供应、绿色低碳转型，通过“内增外引”提质增量，推进多能互补和“源网荷储”一体化发展，构建清洁低碳、安全充裕、经济高效、供需协同、灵活智能的新型电力系统。

（一）强化“内增外引”提质增量

在本地资源匮乏的情况下，充分考虑用电安全充裕、经济高效与地方产业发展需求，强化本地电源内生动力，拓宽外电入渝渠道，着力“内增外引”，构建“内外协同、多能互补”的电力供给新格局。一是多能互补充实本地电源。以多发展、多消纳新能源为目标，按照分年度重节奏、分区域优布局、分种类调比例的形式，推动集中式新能源规模化发展，在电网薄弱区域超前谋划电网送出及配套工程，积极探索“光储”“光储充换”等发展模式，促进新能源“并网量与消纳率”双提升，逐渐提高新能源电力电量占比。积极争取国家调节性煤电指标，用好用足国家天然气发电指标。加强发电企业技术改造，深化存量煤电灵活性改造，提高发电效能。提高新能源并网规模及消纳水平，构建水电、火电、风电、光电多能互补格局。二是畅通入渝通道稳定供给。积极争取市外清洁电力入渝，建设充足、多元化外电保障格局。近期加快推进“疆电入渝”工程建设进度，缓解当前电力供应不足的压力；中长期争取国家统筹川渝电力供需，超前谋划重庆中长期电力保障，举全市之力争取藏电、第二回疆电等西北电入渝。畅通电煤通道，协调电煤运力，确保火电生产稳定。三是主动融入全国电力资源配置平台。加快推动覆盖成渝地区的特高压交流环网建设，多源多向引入外来电力；充分利用重庆作为西南电网东大门的区位优势和电网网架结构坚强的保障，与陕滇黔周边电网互联互通，拓展跨省跨区联网渠道，推动重庆成为汇集西南、西北电力接续外送的交通要道，全面融入全国资源优化配置平台。

（二）统筹“源网荷储”协同发展

充分发挥大电网的资源优化配置平台作用，优化整合本地电源侧、电网侧、负荷侧资源，通过源源互补、源网协调、源荷互动、网储互动和网荷互动等多种交互形式，提高电力系统灵活互动能力。一是在电源侧提高各类电源的调节能力。提高新能源的发电占比，分布式能源就地就近开发利用，提高能源利用效率，解决负荷“反向冲击”、低电压等问题，实现电力系统调节资源共享。二是加快发展新型智慧输配电网。采用数字化技术，紧密连接电网生产端和消费端，实现生产者与消费者能源流、信息流的双向互动。建设以坚强交直流电网承接规模化外电入渝及本地新能源，推动分布式储能、电动汽车 V2G 等新型负荷与智慧配电网融合发展。加快推进“双环两射”500 千伏目标主网架建设，提升渝东北、渝东南地区向主城都市区负荷中心输电通道送电能力。三是最大化调动负荷侧调节响应能力。加大负荷侧调节资源开发力度，通过捕捉灵敏的价格信号，充分挖掘用户积极性，让用户深度参与系统运行的调节，增加负荷侧调节的灵活性。推进用电负荷聚类，提高用电量预测的准确性。探索虚拟电厂商业模式，进一步增加负荷端可观、可测、可控、可调能力。四是推进多元储能模式规避系统安全稳定风险。挖掘电源、电网、用户侧潜力，推进抽水蓄能、化学储能等多元储能模式，发挥储能快速响应、灵活调节、主动支撑的优势，有效平滑新能源出力曲线，解决新能源电力电量时空分布不均衡、系统安全稳定风险等难题。

（三）引导“绿色低碳”生产消费

在碳达峰碳中和目标下，需要科学优化电力供给侧和消费侧结构，引导电力“绿色低碳”生产消费。一是支持“新能源+”“储能+”发展模式。积极引导清洁电力生产和清洁电力入渝，统筹平衡新能源消纳、新型负荷接入带来的电网投资和设备利用效率等问题。持续发展光电、风电等新能源，利用市场机制引导独立、租赁等多种运营模式，通过建立容量电价或市场化容量补偿方式增加储能收益，摆脱新能源发展的困境，激发储能产业活力。二是推进节电设施改造和推广节电产品。引导建设商业综合体、写字楼中央空调集中智能化控制系统，鼓励各类用户主动接入，通过智能化技术科学配置空调温度和运行效率，既降低用户用电成本，又适当缓解全市峰谷差。加大对各类节电产品的推广力度，鼓励企业购买并使用节电设备。三是培养节电消费习惯。建立绿色低碳的电力消费习惯，鼓励市民减少照明时间和数量，低层办公场所使用步行梯。合理设置空调温度，减少空调使用时间和频次。倡导电动汽车、电瓶车尽量利用负荷低谷供电充裕时段充电。

（四）完善“体制机制”保障发展

建设新型电力系统需要强有力的政策传导机制和开放的市场引导机制，以规范行业发展，建设良好的系统生态，激发市场活力。一是建立开放有序的市场机制。大量新能源的开发、输送、调节与消纳将增加投资和提高用电成本，需要政府建立现货市场与中长期交易有机融合、辅助服务有序衔接、绿电与碳排放相互耦合的机制，探索“储能+”盈利模式，形成统一开放、竞争有序、安全高效的新型电力市场体系。二是完善“规划—建设—运维”协同机制。编制新能源及新型储能产业发展专项规划，出台专项扶持政策，规范引导新能源及新型储能产业有序发展。统筹协调各投资主体，积极参与“源网荷储”相关规划研究，共同推进项目前期工作。统筹新能源、新型储能与电网项目建设规模、建设进度，确保同步建设、同期投运。三是完善多方协同共建的可持续发展机制。政府相关部门在价格形成、成本疏导上给予长期政策支持。电网企业与发电企业深化合作，加强政产学研用的协作，推动形成共商共建共享的机制，营造政府引导，市场主导，多行业、多领域协同的新型电力系统生态圈。

主　研：

重庆市综合经济研究院：易小光　丁　瑶　余贵玲　李　权

蒲昌权　蒋安玲　罗宇航　黎　慧

国网重庆市电力公司：　周　倩　叶　樊　肖　强　黄　展

执　笔：蒲昌权　叶　樊　黄　展　肖　强　周　倩

专论五　建设美丽重庆　推动绿色发展

习近平总书记强调，推动经济社会发展绿色化、低碳化是实现高质量发展的关键环节。党的二十届三中全会将“建设美丽中国”作为七个“聚焦”之一，把加快经济社会发展全面绿色转型纳入进一步全面深化改革的总目标。紧随其后，中共中央、国务院印发《关于加快经济社会发展全面绿色转型的意见》，明确要以碳达峰碳中和工作为引领，协同推进降碳、减污、扩绿、增长，深化生态文明体制改革，健全绿色低碳发展机制。

重庆市委六届六次全会提出要高水平建设美丽重庆、筑牢长江上游重要生态屏障。要聚力打造筑牢长江上游重要生态屏障标志性成果，完善生态文明管理体制，打造全市域整体大美支撑体系，健全绿色低碳发展机制，构建美丽中国建设先行区。

一、提高政治站位，学深悟透习近平总书记关于推动绿色发展的重要论述精神

生态环境是人类生存和发展的根基，生态环境变化直接影响文明兴衰演替。生态环境问题归根结底是发展方式和生活方式问题。绿色发展是构建高质量现代化经济体系的必然要求，是解决污染问题的治本之策。我们要坚持以习近平新时代中国特色社会主义思想特别是习近平生态文明思想为指导，深刻认识和把握深化生态文明体制改革的重大意义、原则方法和目标任务，凝心聚力、奋发进取，以钉钉子精神抓好改革落实，加快建设美丽中国，推动绿色发展。

（一）推动绿色发展必须旗帜鲜明坚持党的全面领导

习近平总书记强调，“生态环境是关系党的使命宗旨的重大政治问题，也是关系民生的重大社会问题”。中国共产党领导是党和国家的根本所系、命脉所在，与中华民族和中国人民的命运与共、利益攸关。一路走来，中国共产党在借鉴和吸收马克思、恩格斯原始朴素自然观的同时，结合我国实际，不断深化对人与自然基本规律的认识，领导全国人民在正确处理人口资源、经济发展与环境保护等方面不断探索、不懈奋斗。实践反复证明，党的全面领导是推动绿色发展的最大政治优势和根本政治保障。

（二）推动绿色发展是中国式现代化的必然要求

习近平总书记在全国生态环境保护大会上强调，“把建设美丽中国摆在强国建设、民族复兴的突出位置”“全面推进美丽中国建设，加快推进人与自然和谐共生的现代化”。中国式现代化是人与自然和谐共生的现代化。必须把推动经济社会发展绿色化、低碳化作为解决资源环境生态问题的基础之策，加快形成绿色发展的生产生活方式，全方位、全过程、全链条贯彻绿色低碳理念，让经济社会发展建立在高效利用资源、严格保护生态环境的基础之上。

（三）绿色发展是美丽中国建设的重要标志和实现路径

以习近平同志为核心的党中央着眼于中华民族长远发展，创造性提出“新发展理念”，与美丽中国建设“走生产发展、生活富裕、生态良好”的文明发展道路是在不同语境下的表达。绿色发展是解决人与自然和谐共生问题的关键之举，也是建设人与自然和谐共生的现代化内在要求。走绿色发展道路，就是要在经济社会发展中倡导生态、绿色、低碳、循环的理念，坚持走可持续发展的道路。绿色发展的落脚在发展，前提是绿色。

（四）推动绿色发展必须不遗余力发展新质生产力

新质生产力本身就是绿色生产力。发展新质生产力能有效化解美丽中国建设中面临的结构性、根源性、趋势性压力，为全面推进美丽中国建设提供强劲动能，奠定坚实的物质基础。新质生产力具有高科技、高效能、高质量的突出特征，摆脱了高污染、高耗能、高排放的传统发展模式，塑造了以科技创新赋能经济发展、缓解自然约束的新优势。

习近平总书记2024年4月在重庆考察时强调，重庆要对标新时代新征程党的中心任务和党中央赋予的使命，充分发挥比较优势、后发优势，进一步全面深化改革开放，主动服务和融入新发展格局，着力推动高质量发展，奋力打造新时代西部大开发重要战略支点、内陆开放综合枢纽，在发挥“三个作用”上展现更大作为，不断谱写中国式现代化重庆篇章。建设美丽重庆是践行习近平生态文明思想、落实美丽中国建设战略的实际行动，建设美丽重庆的关键和核心是要加快推动绿色发展。

二、坚持问题导向，准确认识重庆推动绿色发展面临的挑战

重庆集大城市、大农村、大山区、大库区于一体，推进绿色发展基础薄弱、任务艰巨、时间紧迫。要正确处理发展与保护的关系，辩证看待推进绿色发展面临的机遇与挑战，坚定不移走生态优先、绿色低碳的高质量发展道路。

（一）资源禀赋不佳，清洁能源有限

重庆可供开发利用的风、光、水等清洁能源资源十分有限且基本已开发殆尽，能源供给结构短期内难以改变，加之近年来受极端高温天气影响，城乡居民降温用电刚需集中释放，电力供给主要依靠火力发电“兜底”保障，拉动煤炭、天然气等化石能源消费量增长。2023年全市火力发电量较2020年增长56%，占全市发电量比重超过75%。

（二）产业结构优化调整压力大

第二产业增加值占地区生产总值比重38.8%，但碳排放占全市碳排放总量超过65%，火电、钢铁、化工、建材、有色五大行业排放的大气污染物（主要是颗粒物、氮氧化物）排放量超过全市工业排放的90%，能耗和碳排放均超过全市工业的85%。2023年，全市钢铁产量较2020年增长

58.2%，钢铁行业碳排放增量和增速均高于全市工业平均水平。

（三）减污降碳内生动力还需增强

重点行业降碳工作尚处于起步阶段，工业碳减排成本偏高，环境经济效益尚难以满足大规模应用需要，全市已形成产能的工业碳捕集、封存和利用项目还很少。大气环境质量改善压力依然艰巨，碳减排的制度环境和政策要求也亟待完善。产业园区规划建设、运行管理过程中的碳排放统计核算水平还不高、能力还不够。

（四）绿色低碳关键技术储备不足

面向生态环境突出问题治理、产业绿色转型升级需要的关键核心技术储备不足，氢能、零碳、储能等先进技术发展相对滞后。绿色低碳专利数量远低于东部沿海地区及周边的陕西省、四川省等地。

三、推动绿色发展，聚力打造有重庆辨识度的标志性成果

坚决做到“总书记有号令、党中央有部署、重庆见行动”，认真落实党中央、国务院关于推动绿色发展的部署要求，妥善处理发展与保护的关系，稳妥推进碳达峰碳中和，加快建设美丽中国先行区，走深走实绿色发展道路。

（一）深化提升“三大工程”

一是统筹推进绿色共建工程。将“双碳”全面融入“双圈”建设，以绿色低碳为引领，加快推动城市更新、产业转型、环境改善、生活提质等方面的迭代升级、量能跃升、优势再造，突出成渝地区双城经济圈的“双碳”成效、“双碳”特色、“双碳”示范。二是深入推进绿色赋能工程。建设零碳示范区，深化低碳城市、气候适应型城市试点示范，深化近零碳园区创建，探索绿色发展的新路径，使用一批标志性引领性的绿色低碳政策、平台、项目，为建设新重庆集成优势、放大功能、加强支撑。三是积极推进绿色金融工程。加快绿色金融改革创新试验区建设，强化对绿

色产业、绿色技术、绿色项目的投融资支持，做深做实绿色债券发行、气候投融资试点、“碳惠通”平台建设等改革事项，完善组织多元、产品丰富、政策有力、运行高效的绿色金融体系。

（二）聚焦锚定“三大目标”

一是“双碳”战略目标。立足资源能源禀赋，积极稳妥推进碳达峰碳中和。深化落实“1+2+6+N”碳达峰碳中和政策体系，加快推动能耗双控逐步转为碳排放双控。二是深入打好污染防治攻坚战目标。以更高标准打好碧水、蓝天、净土保卫战，推动环境质量持续改善。坚持系统治理，一体推进治水、治气、治土、治废、治塑、治山、治岸、治城、治乡，高站位、高标准、高质效推进美丽重庆建设。三是减污降碳协同增效目标。科学把握污染防治和气候治理的整体性，突出重点领域，提高综合效能，实现环境效益、气候效益、经济效益共赢。到 2025 年，减污降碳协同推进工作局面基本形成，绿色低碳发展取得明显成效，重点区域、重点领域减污降碳协同能力有效提升。

（三）优化培育“三大产业”

一是升级传统产业。大力实施传统技术产业提升行动，加快建设智能网联新能源汽车、电子制造业两大万亿级产业集群，推动产业绿色低碳转型。推动火电、钢铁、建材、有色等行业能效提升，实现减污降碳协同增效。二是发展低碳产业。坚持低碳产业化、产业低碳化，加快建设成渝“氢走廊”，凸显“三峡库区”区位特色，做大生态环保产业集群。聚集绿色低碳高端创新资源，打造绿色低碳创新驱动平台，开发绿色低碳先进技术。三是壮大数字产业。搭乘重庆数字产业加速发展的快车，推动“双碳”领域数字化转型。提升工业企业、产业园区碳排放、能耗数字化监管和治理水平。发展一批基于碳排放和能耗的核查、监测、评价及认证的专业化、数字化机构。

（四）加快构建“三大格局”

一是绿色低碳现代化治理格局。建立健全减污降碳协同增效体制机制，把碳减排融入经济社会发展全领域，融入生态文明建设全过程。推动能耗“双控”向碳排放强度总量“双控”转变。不断提升经济“含绿量”，全面推动经济社会高质量发展，努力实现高水平保护和高质量发展协同。二是环境资源大市场格局。深度参与全国碳市场联建联维，改革升级重庆地方碳市场，充分激发市场手段对资源优化配置的作用。探索共建区域环境权益交易市场，共育绿色低碳生态圈。三是多元协同支撑格局。强化企业支撑，更好动员社会组织和公众参与碳达峰碳中和。突出人才支撑，鼓励支持高校开设碳减排专业、学科，培养专门人才。凝聚社会支撑，开展绿色社区、绿色家庭、绿色学校系列创建，倡导形成简约适度、绿色低碳的生活方式。

重庆市生态环境监测中心高级工程师、重庆大学博士研究生　许　君

参考文献

ANGJ B，2007. CO_2 emissions，energy consumption，and output in France [J]. Energy Policy，35：4772-4778.

BOSSEBOEUF D，CHATEAU B，LAPILLONEB，1997. Cross - country comparison on energy efficiency indicators：The on - going European effort towards a common methodology[J]. Energy Policy，25(9)：673-682.

KRAFT J KRAFT A，1978. On the Relationship between Energy and GNP [J]. Journal of Energy and Development，3(2)：401-403.

PAO H T，TSAI C M，2010. CO_2 emissions，energy consumption and economic growth in BRIC countries[J]. Energy Policy，38：7850-7860.

PATTERSON M G，1996. What is energy efficiency concepts，indicators，and methodological issues [J]. Energy Policy(5)：377-390.

PHYLIPSEN G M，BLOK K，WORRELL E，1998. Handbook on international comparisons ofenergy efficiency in the manufacturing industry[M]. Netherlands：Utrecht University.

SOYTAS U，SARI R，EWING B T，2007. Energy consumption，income，and carbon emissions in the United States[J]. Ecological Economics，62：482-489.

戴云菲，2016. 可持续发展理论文献综述[J]. 商(13)：111.

邓伟根，刘萱芝，2012. 基于循环经济视角的我国能源可持续发展能力评价[J]. 现代管理科学(11)：23-25+31.

丁守海，徐政，江小鹏，2022. 新时代我国能源可持续发展评估研究

[J]. 浙江大学学报(人文社会科学版), 52(2): 57-72.

杜慧滨, 顾培亮, 2005. 区域发展中的能源—经济—环境复杂系统[J]. 天津大学学报(社会科学版), 7 (5): 362-365.

范秋芳, 邢相飞, 2022. 可再生能源政策对碳排放的影响研究[J]. 华东经济管理, 36(8): 63-73.

国家能源局, 2011. "中国能源中长期发展战略研究"报告要点[R/OL]. (03-03). http: //www. nea. gov. cn/2011-03/03/c_131088307. htm.

何斯征, 黄东风, 2007. 浙江省可持续发展能源指标的研究[J]. 能源工程(2): 1-6.

何斯征, 2007. 可持续发展能源指标体系及应用实例[J]. 能源工程(5): 16-20.

焦兵, 许春祥, 2023. "十三五"以来中国能源政策的演进逻辑与未来趋势——基于能源革命向"双碳"目标拓展的视角[J]. 西安财经大学学报, 36(1): 98-112.

雷明, 1998. 资源—经济—环境投入产出核算应用研究[J]. 数量经济技术经济研究(11): 59-63.

李文华, 2013. 新时期国家能源发展战略问题研究[D]. 天津: 南开大学.

刘立涛, 沈镭, 刘晓洁, 2012. 能源安全研究的理论与方法及其主要进展[J]. 地理科学进展, 31(4): 403-411.

刘希凤, 2024. 能源政策与中国城市绿色发展[D]. 济南: 山东大学.

鲁玺, 赵琦, 张贤. 2023 世界能源可持续性评价报告——聚焦"一带一路"[R/OL]. 清华大学碳中和研究院. https: //www. sohu. com/a/739547892_121614580? scm=1102. xchannel: 325: 100002. 0. 6. 0.

苗韧, 王凌霏, 吴頔, 等, 2012. 中国能源可持续发展评价指标体系构建与初步评价[J]. 中国能源, 34(3): 22-27.

聂洪光, 2013. 中国能源消费增长的问题及对策研究[D]. 长春: 吉林大学.

上海合作组织成员国元首理事会，2022-09-17. 上海合作组织成员国元首理事会关于维护国际能源安全的声明[N]. 人民日报(5).

申振东，2008. 贵州能源评价体系构建研究[J]. 科技进步与对策(3)：142-143.

石耀东，2014. 我国能源政策面临的突出矛盾与未来战略转型[J]. 发展研究(2)：7-10.

唐云霓，闫如雪，周艳玲，2023. 碳中和愿景下能源政策的结构表征与优化路径[J]. 清华大学学报(自然科学版)，63(1)：1-14.

王宁，2019. 德国能源转型的经济分析及启示[D]. 长春：吉林大学.

王仲瑀，2007. 黑龙江省能源可持续发展研究[D]. 哈尔滨：东北林业大学.

韦福雷，王攀，李天苗，2011. 能源可持续发展能力评价——以黑龙江省为例[J]. 技术经济，30(11)：89-92.

魏一鸣，等，2005. 能源-经济-环境复杂系统建模与应用进展[J]. 管理学报，2 (2)：159-170.

杨惠贤，郑惺，2012. 能源消费与经济发展关系研究综述与展望[J]. 商业时代(1)：109-111.

余颖琳，赵黛青，陈勇，2011. 区域能源可持续发展指标体系构建及综合评估[J]. 开放导报(3)：63-66.

曾睿，陈晓文，2014. 能源可持续发展研究评述[J]. 环境保护与循环经济，34(6)：10-13.

张阿玲，李继峰，2007. 构建中国的能源—经济—环境系统评价模型[J]. 清华大学学报(自然科学版)，47 (9)：1537-1540.

张平原，2021. 基于经济环境协调发展的张家口市能源有效利用评价[D]. 北京：中国地质大学(北京).

张士宁，杨方，陆宇航，等，2018. 全球能源互联网发展指数研究

[J]. 全球能源互联网，1(5)：537-548.

张所续，2020. 基于能源三难困境指数的中国能源发展选择[J]. 中国国土资源经济，33(5)：16-23.

张志良，1990. 甘肃人口增长对能源与环境的压力及其对策[J]. 干旱区资源与环境，4（2）：41-48.

赵燕娜，朝霞，孙育强，2005. 我国能源经济可持续发展评估及对策研究[J]. 经济师(10)：21-22.

朱成章，2006. 简析能源发展指数[J]. 煤炭经济研究(8)：11-13.